U0909908

四季锦囊

消费者体验提升秘籍

沈大维 David Shen
王　翔 Rice Wang
著

创作团队 | 吴栋敏　陈恒光
张家骅　秦丽华

中国财富出版社有限公司

图书在版编目（CIP）数据

四季锦囊：消费者体验提升秘籍／沈大维，王翔著．—北京：中国财富出版社有限公司，2020.8

ISBN 978－7－5047－7165－0

Ⅰ.①四…　Ⅱ.①沈…　②王…　Ⅲ.①消费者—顾客需求—研究—中国　Ⅳ.①F723.5

中国版本图书馆 CIP 数据核字（2020）第 096002 号

策划编辑　谢晓绚　**责任编辑**　吴婉素　王　君

责任印制　尚立业　**责任校对**　卓闪闪　**责任发行**　白　昕

出版发行	中国财富出版社有限公司		
社　址	北京市丰台区南四环西路 188 号 5 区 20 楼	**邮政编码**	100070
电　话	010－52227588 转 2098（发行部）		010－52227588 转 321（总编室）
	010－52227588 转 100（读者服务部）		010－52227588 转 305（质检部）
网　址	http://www.cfpress.com.cn	**排　版**	宝蕾元
经　销	新华书店	**印　刷**	天津市仁浩印刷有限公司
书　号	ISBN 978－7－5047－7165－0/F·3162		
开　本	880mm×1230mm　1/32	**版　次**	2020 年 8 月第 1 版
印　张	5.25　彩　页　1	**印　次**	2020 年 8 月第 1 次印刷
字　数	89 千字	**定　价**	48.80 元

前　言

当前社会经济快速发展，不仅让中国成了世界第二大经济体，也提供了广大的消费市场。在科技与消费市场结合得日益紧密的当代社会，传统的零售业不再是旧日模样，“新零售”蓬勃发展。

“新零售”的概念是马云在 2016 年下半年提出来的，他表示，电子商务将会成为传统的一个概念，未来会是线下服务、线上体验、现代物流深度融合的“新零售”模式。如今，几年时间过去了，“新零售”有了怎样的发展呢？

迄今为止，“新零售”并没有一个明确的定义，人们对其解释不一而足。有人认为线上线下同步销售的新型销售模式是“新零售”。这种销售模式在当前消费市场中并未完全普及，不过快消类服装品牌优衣库实施得比较好。优衣库销售策略的核心就是线上线下联动，其具体内容包括：线上店铺与实体店铺同价同优惠；线上购买，线下提货；提供实体店铺试穿，线上购买服务；等等。这样的线上线下同步销售模式为消费者提供了极大的便利，大大提升了消费者的体验，自然也提升了品牌的销售额。这一点从优衣库多年蝉联“双十一”服饰类销售冠军可见一斑。

有人认为新型无人店铺是“新零售”，比如亚马逊的无人店铺。这类店铺是将线上自助购物的模式运用到线下店铺中。这种无人店铺的消费过程是这样的：顾客扫描二维码进入店铺，每将一件商品放入或拿出购物篮时，App（手机软件）就会自动记录，顾客选购好商品后在手机上直接付款就可以了。整个过程中消费者完全通过网络自行完成购物，商家无须投入大量人力。当今社会，虽然无人店铺还不普及，但这种自助消费模式已经慢慢出现在人们的生活中了，比如沃尔玛等大型超市中的自助扫码结算。这种新型无人销售模式一方面提升了消费者购物的便捷度和消费体验，另一方面节省了大量人力成本，有降本增效的效果，确实是未来零售业值得推广的模式之一。

还有人认为“新零售”是将不同种类的购物体验集于一体。国内走在前列的零售商是盒马鲜生。盒马鲜生采取

“零售+餐饮”的销售模式——将售价低的海鲜零售与毛利高的海鲜烹调相结合，用海鲜零售的低价吸引客人，用现场烹饪提升客人体验，从而提高客单价与毛利。除此之外，盒马鲜生还将线上线下销售相结合，提供线上选购并送货上门的服务，但用户只有在实体店铺中进行消费并下载App后才能享受这项便利服务。这一措施使得线上线下互为引流，不断吸引消费者。

通过上述分析我们可以看出，无论是以优衣库为代表的线上线下同步销售，以亚马逊无人店铺为代表的实体店铺自助购物，还是以盒马鲜生为代表的集多种消费体验于一体的销售模式，其目的都是一样的，那就是“降本增效”。降本，顾名思义就是降低成本，这里我们不做过多讨论。我们在这里要重点关注的是增效。何为增效？怎么增效？

众所周知，零售业中的“效”分为人效和坪效，人效是指雇佣一个员工所能带来的销售额，坪效是指一平方米店铺的销售额，其中提高坪效的关键就是增加销售额。那么，影响销售额的因素有哪些呢？

销售额=客流量×转化率×客单价

让我们来看一下这个公式中的基本因素：客流量是指单位时间内进入店铺或者商品专柜的顾客人数（并不完全是该店的消费者，还包含该店的潜在消费者）；转化率是客流量中转化为消费者的人数除以客流量总人数所得到的百分比；而客单价是指平均每位消费者的购买金额。从这个公式中我们可以看出，增加销售额的三大因素都与消费者体验有密切关系。首先，消费者逛街或者进店，如果能有很棒的体验，他们就愿意尝试去消费，这就提升了转化率；而在消费过程中，如果体验不错，消费者就会增加消费项目或消费数量，这就提升了客单价。一般来说，对于每一次满意的体验，消费者会向约七个人转述。而在社群影响力越来越大的今天，每一次良好的体验，经过社交平台传播后，影响的人群将会大大超过以往，这些受影响的人完全有可能成为潜在的消费者；反之，差的体验会产生更多差的影响，这些都直接导致了客流量的变化。所以，想要提高销售额，提升消费者体验便是重中之重。那么，究竟该如何做呢？

本书作者团队有丰富的企业工作经验，以及在国外学习、交流的经验，对这一课题有着独特的见解。当下，关于市场、需求的理论数不胜数，如经典的“马斯洛需求理论”、“峰终理论”、著名咨询机构的市场分析理论等。但没有直接的理论来指导商家如何把握消费者心理，提升消费者体验。于是作者团队潜心钻研，在对上述理论进行深层分析的基础上，结合实践经验，辅以丰富的咨询案例和调研数据，最终推出了“四季锦囊”这一用于提升消费者体验的理论。

“四季锦囊”着重分析了消费者的需求分布，在需求分析的基础上导出若干种攻略，从而有效地指引商家以更广阔的思路、更新颖的手法，实现产品和服务的创新，从而赢得消费者，提高消费者净推荐值。

目　录

第一章

大米开店
——消费者体验提升

第一节　大米开店的困惑

大米是个乐观向上的人，可是最近发生的事情却让他愁眉苦脸。原来，大米和朋友合作，在 3 月加盟了一家知名品牌，开办了一家瑜伽馆。瑜伽馆开在一幢办公楼里，预期顾客人群是在周边写字楼中工作的白领和附近小区的居民。刚开业的时候，总部大力支持这家新加盟店的发展，配备了优秀的瑜伽导师，价格也很诱人，吸引了不少消费者。瑜伽馆通过办理会员预充值卡的形式获得收入，这种卡类似于美发店的预付费卡，在开始的时候，这种形式比较容易获得一定的现金收入。但是三个月后，新店的新鲜度降低，新增学员数量也慢慢减少了，收入也有所下降，而每个月基本固定的费用开支（包括房租、人工等）却不能减少。这时，通过计算，大米发现，如果不想办法改善营收状况，马上就要到达收支平衡的警戒点了，甚至可能出现亏损。

可怎样才能改善营收状况呢？大米想来想去，都没有想到真正切实有效的方法。正在苦恼之际，他想到了好朋友大维。大维是行业里专门研究消费者体验的资深老师，指导了很多企业更好地占据消费市场，而且大维也知道大米经营瑜伽馆的事情。大米决定，找大维好好地聊一聊。

在一个闲暇的周末下午，大米找到了好朋友大维，双方一边品茶，一边谈论关于瑜伽馆经营的问题。大米把状况一五一十地告诉了大维。

大维听了以后，略做思考，就问了一个问题：

“你目前主要的目标消费群体是哪些？”

大米略一思考，回应道：

“瑜伽馆目前开在办公楼里，自然瞄准的是办公室白领这个群体；除此之外，因为离居民区比较近，所以周边一些小区的居民也会来办卡消费。”

“所以啊，我们首先要想想，作为最主要消费群体的白领，他们比较关注什么呢？”

“白领肯定比较关注瑜伽馆的整体定位和形象。瑜伽馆的形象要高大上，要和他们的档次相匹配。”

“那目前瑜伽馆给客人的总体印象是什么呢？”

大米认真地回忆了一下，说：

“有些顾客说好像瑜伽的氛围比较浓，但有些说好像更像健身馆。”

大维笑了笑，又问道：

“如果你作为顾客，你会优先考虑哪种形象的瑜伽馆呢？”

“自然是前者。”

大维说道：

“对于直面消费者的店铺而言，消费者体验是其持续性经营的关键因素。而作为非生活必需的瑜伽运动，单满足消费者健身的需求是很难提升消费者体验的，我们必须考虑赋予瑜伽运动足够的仪式感。”

“什么是仪式感？”大米下意识地问道。

“你见过婚礼仪式吗？那么多神圣的流程和步骤，为的就是一个仪式感。”

大米在脑海中快速地想了想之前自己参加婚礼的经历，

想到了其中的仪式，慢慢地有了些感觉。那么如何才能让一个活动更具有仪式感呢？大米不禁追问：

“仪式感是个非常不错的东西，如果想要把这个仪式感建立起来，你有什么建议呢？”

于是，双方之间就有了如下的一段对话。

“如果因为婚礼要去准备一件婚纱，你觉得什么样的婚纱店会吸引你呢？”

“肯定是看上去漂亮的。”

“对的，首先看上去要漂亮，也就是我们所说的要美观。一个婚纱店，必须美观，让人眼前一亮，才能吸引消费者走进店内。”

“是的，要运用美观攻略来吸引消费者。”

“其实美观攻略不是说要花很多钱，用很贵的材料，而是要在美观上面花费很多心思和精力。”

“嗯，我能理解。”

“还有，店里可能会陈设一些小物品。这些东西一定不能劣质，劣质的东西会降低店的档次，甚至会让目标消费者对你的店有所抵触。”

“你说得对，店里的物品一定要精致，太粗糙的物品会让人感觉不上档次，自然也很难提升消费者体验。”

“确实如此。所以说，精致也是用来提升消费者体验的一个重要工具。”

“除了美观和精致，还有其他的工具吗?”

“你有没有注意到从挑选到试穿再到购买婚纱这一套流程也很讲究套路，有时候按照流程慢慢体会下来，会使购买婚纱的活动神圣不少，这是不是对体验很有帮助呢?”

“那是一定的，婚纱就是在神圣时刻体现价值的。我想购买婚纱时候的仪式感也很重要，会成为人们的美好回忆。”

“你说得非常好，一套很讲究的流程对体验的提升会有很大的帮助。你见过铁板烧这种餐饮形式吧，铁板烧有什么特点呢？相比旧式的餐饮模式，铁板烧是把新鲜的食材直接呈现在食客的面前，厨师运用各种娴熟的手法，为顾客烹饪。不仅给人味觉上的享受，更给人视觉上的冲击。特别是厨师一整套精彩的烹饪手法，更像是一种艺术形式，让顾客觉得吃饭这件事情还是很有仪式感的。”

大米接着说：

“是的，比如说奥运会，它的主要内容是体育竞技，却要举行隆重的开幕式和闭幕式。正因为它们可以带给观众仪式感，让观众更好地享受盛会。看来有时候一整套规范的流程还真不能少。”

“是的，我们把它称为成方圆。”

“看来，美观、精致、成方圆都是提升消费者体验的重要方法，还有更多的方法吗？”

“只要是能够提升消费者体验的方法，都可以试试。只不过我提到的这三种是最主要的方法。”大维回答道，脸上充满着笑意。

大米回去以后，立马行动起来。首先，他更新了门口的招牌，精心挑选了几张富有韵律感的瑜伽海报，并把它们贴在瑜伽馆醒目的位置上，这样可以使顾客一进门就被吸引住。其次，大米把室内的软装修仔细地检查了一番，尤其留意了很多容易被忽视的小细节。一番修整下来，大米觉得整体效果还是比较令人满意的。比如说，原来用一张纸来标明无线网络名称和密码，现在改成了用一块精致的木块，上面印刻着精美的两行字，分别是瑜伽馆的无线网络名称和密码。这个改变虽然不大，但是和一张简单的贴到墙上的纸相比，档次迅速提高了。在大米的精心打理下，瑜伽馆变了模样（见图1－1）。

图1－1　精心打理后的瑜伽馆（组图）

大米把瑜伽馆的卫生间也用心装饰了一番。大家不要小看卫生间，卫生间的使用感受能够很大程度上影响会员的心情。瑜伽馆的更衣室与卫生间相连，以往的卫生间经常不干净、有异味，进而使更衣室也变得有异味。而瑜伽运动由于要换衣服，客人对更衣室的使用频率会更高一些。没几个会员会喜欢在一间有异味、昏暗、不整洁的更衣室为后面的运动做准备。因此，大米在卫生间放置了具有东方特色的沉香。连大米自己都经常陶醉在这个香味之中。

做好改变之后，大米环顾着瑜伽馆，脸上露出了开心的微笑。不过他的心里仍记得大维老师说过的成方圆攻略。那么如何做好成方圆呢？大米陷入了思考……

既然成方圆是一种整体性的流程体验，那么一和顾客接触，就要做好这种成方圆，从而体现出与别家店铺的不同。这时候大米想起了先前到日本旅游时在商店里买鞋的经历。那是一个阳光明媚的下午，大米到了日本银座，路过一家知名品牌的鞋店时，看着里面的鞋子不错，他就进去试穿了。日本零售业的服务水平毫无疑问是世界一流的。大米在鞋店中的经历也证实了这一点。一进门，店员就会对每一位顾客行一个标准的鞠躬礼，然后非常友好地给顾客展示他们的产品。当顾客相中某个款式时，他们就一路小跑，拿来相应的尺码，跪在地上，帮顾客试穿。这一套仪式感很强的服务下来，很多人即使觉得鞋子有些小贵，也不会太计较。大米观察发现，很多顾客都不会空手离开这家鞋店。

无独有偶，日本酒店的服务也令大米印象深刻。他还记得当时要离开酒店的时候，整个团队的客人上了大巴。那个时候，酒店的所有服务人员在酒店的门口一字排开，不断挥手并目送他们离开。车子驶出后，他们仍旧向着车子方向致敬，一直到车子驶出他们的视线为止。这种送别让顾客产生一种强烈的仪式感，即使到现在，大米还记得非常清楚。

于是，大米制订了一系列规范。从进门问好到出门感谢，形成了一套规范的程序。那么，顾客对这些程序的感受如何呢？某个顾客这样说道：

“整个瑜伽馆给我一种既放松又专业的感觉。一进瑜伽馆大门就能看到一些专业的瑜伽图片，让人很信服这家店的专业能力。换衣服的时候会伴随一些轻柔舒缓的音乐、淡淡的沉香气味，工作人员还会端来健康茶，让我很快进入放松的瑜伽氛围。进入场地后，先不急着练习，教练会给我们片刻的冥想时间，这让我全身放松，从而更好地进入练习状态。之后再随着教练的节奏开始练习。开始的时候，教练总是用一些拉升的动作，帮助我们舒展筋骨；随后，逐渐加大力度，把难度提升上去。经过将近一个小时的运动，我们大汗淋漓。临近结尾的时候，教练要开始一系列的放松练习，先平躺，再放松，后回想。当我们结束练习后，工作人员总会把叠好的毛巾送到我们跟前，并嘱咐我们不要马上洗澡，也不要马上进食，让我们带着瑜伽运动的效果回去。这些细节都让我觉得这家瑜伽馆很专业，体验非常好。”

大家感觉到没有，美观、精致、成方圆，这三种攻略都能有效提升消费者的体验，获得他们的认可和青睐。

第二节　消费者体验的提升攻略

大米的瑜伽馆注重仪式感一段时间后，消费者的反馈好了一些，但是总体生意并没有明显好转。盛夏来了，于是大米趁着一个晴朗的好天气，又去拜访大维老师了。

“大维老师好，上次拜访您之后，我按照您教我的方法改善了一下瑜伽馆的陈设和服务模式，效果很不错。但是业绩并没有明显提升，我应该怎么做呢？是不是应该在提升消费者体验方面再深化一下？”

“你说得对。仪式感只是提升消费者体验的一个方面，就像一个好的开场，但整体的体验提升不能只靠这个方面。”

“那还有什么方面呢？”大米着急地问道。

“消费者的情感。在消费过程中，其情感体验也非常重要。”

“是的。如果能在情感方面有所突破，效果肯定好。可是该怎么做呢？”

“如果你是消费者，在情感方面你最在意的事情有哪些呢？”

“我觉得获得尊重是非常重要的。如果在消费过程中有被尊重的感觉，那么就会感觉很愉快。”

“是的，尊重消费者，特别是尊重消费者的偏好、习惯、行为等，能够很快地拉进与消费者之间的距离，提升情感体验。知道银行为什么会有贵宾室吗？”大维老师看着大米问道。

“我知道了，贵宾室其实就是为了让消费者有被尊重的感觉。”

“非常正确！尊重消费者是赢得消费者的重要武器。”

“那还有其他办法吗？”

“如果有一个人总是赞扬你，你的感觉怎么样？”

“会很开心，尤其是听到对方真诚地夸奖自己时心情会很好。”大米回答道。

“对！人都是爱听好话的，特别是如果对方的夸奖实事求是，那就更能打动人了。”

“还有很重要的一点，就是要给予消费者充分的信任，即予信任①。”大维老师补充道。

“那怎么才算予信任呢？”

“给予消费者足够的信任，就是相信消费者的诚意、善意，不对消费者持怀疑的态度。比如现在很多厂家提出的7天无理由退换货政策，就是某种意义上的予信任。”

“这么说，尊重、赞赏、予信任是提升消费者情感体验的三大法宝。”

“正是。”大维点头道。

大米回去后，仔细地思考了大维老师的意见，并在瑜伽馆推行了以下措施。

首先，大多数时候消费者进门时是拎着包的（因为练瑜伽要更换专用的服装），所以，只要消费者没有异议，工作人员就负责帮消费者把包拎进更衣室，在这个过程中工作人员依然要热情地与顾客打招呼，欢迎他们来店。其次，工作人员要学会以恰当、自然的方式夸奖消费者。夸奖的

① 予信任即给予信任，为作者为课程创造的固定用法。

时机要灵活把握，可以在消费者刚进门时，也可以在拎包闲谈的过程中，但一定要注意方式应恰当自然，学会观察细节，从顾客的穿着、举止等发现可以赞美的地方。比如，店员可以很自然地夸奖顾客“今天的这身衣服很衬您的肤色”或是“您今天的精神状态很好”，让顾客感到心情愉悦，从而得到更好的消费体验。

这些事情，做起来其实并不复杂，关键有两点：一是做到位，让客人真正感到受尊重；二是坚持，每次都能够不断地赞赏客人，让客人每时每刻都在感受这些愉悦的消费体验。

大米不断观察这些措施的实施情况，他发现客人经常不对前台的问候做出反应。通过观察，大米发现，想要通过赞美的方法提升顾客的消费体验，有一个非常重要的前提，就是问候和赞赏必须是真正发自内心的，一点点的差异，都会带来不同的效果。顾客非常容易辨别出赞美是否真诚，如果商家（或工作人员）只是敷衍，为了赞美而赞美，顾客不但不会感到高兴，反而会产生不满的感觉。

大米记得大维老师还给他推荐过予信任的攻略。可中国的消费者人口数量多，收入差距又比较大。当面对所有的消费者时，是否只通过予信任就能获得较好的效果呢？

在思考这个问题的时候，大米想起了自己的经历。大米每周要送女儿去学习。女儿去上课之后，因为不想往返浪费时间，他有时候会在学校附近等女儿下课。学校附近有家肯德基，那里就成了大米等待女儿的一个据点。他有时候会点餐，有时候不会点，就只是在那里坐一会儿。肯德基的服务人员也能辨别这种情况，可他们从来不会来“查岗”，他们宁可选择相信进来的都是他们的消费者，或是潜在的消费者，也不会抱着怀疑的态度去审视每一个客人。仔细观察下来会发现，虽说部分顾客不会消费，但大多数顾客都会买些什么，成为真正的消费者。大米想，与其花精力去甄别、处理，不如把更多精力放在消费者体验的提升上，也许肯德基餐厅运用的就是一种“予信任”的攻略吧。

带着自己的思考，大米和这家肯德基的服务人员进行了交流，更加确定了以下的信念：与其去质疑消费者的动机，不如给予消费者更大的信任。往往在这种信任的情况下，更多的潜在消费者能转化为真正的消费者。这样的性价比，其实是最高的。

瑜伽馆总会迎来各种各样的消费者，还有很多来体验的客人。这些人员，背景不同，需求各异。这里面有些客人比较挑剔，总是爱指出各种细节上的小问题。其实这部分客人的目的，是为自己争取些小利益，获得些小回报。对待这些顾客，与其一本正经地指出其实际的目的，或是就这些细节上的问题进行争辩，不如选择相信他们，再记录这些意见，看看意见是否合理，有哪些地方可以进行修正。并且对于好的建议，可以给予一定的课时奖励。当然，这是根据建议的合理性而提供的福利，而不是只要是消费者提出的就答应。否则，予信任就变成了错误的导向，让消费者朝错误的方向去努力了。

同样的情况也体现在餐饮行业中，著名餐厅海底捞有个服务文化：服务员有权赠送一份菜品给当桌的消费者。这是为什么呢？因为海底捞发现，可能由于这种或那种情况，有些消费者有不满意的地方，对此服务员有两种处理方法，一种是让经理过来，就事实进行分辨，并做出处理意见；另一种是尊重消费者的反馈和要求，只要不是过分的要求，就由服务员自行决定，这个决定就包含有权赠送一份菜品。海底捞最后发现，后面一种性价比更高，因为提升了消费者体验，使消费者感到满意。所以就有了海底捞的服务员有权赠送菜品的服务文化。

由此看来，如果你很难去辨别一件事情，而且即使辨别以后，处理的方法也很难达到有效结果，或者说这样做付出的代价太高，那就不如给予消费者充分的信任，相信这样的付出，能带来更好的效果。大家想一想，部分欧洲国家，坐火车是没有工作人员检票的，但偶尔会有查票的，这是为什么呢？基于这些国家的经济发展水平和文化传统，管理者发现，与其花人力去检查乘客是否购票，不如给予乘客信任，相信他们肯定是购票后才上车的；而且花少数人力进行抽查，可以避免或减少恶意逃票的现象。总体来看，这样做成本更低，效益更佳。

第三节　消费者体验的持续升级

看着公司的生意走出了低谷，大米有了信心。他相信，只要有正确的方法，就一定会有很棒的结果。秋天来了，正是收获果实的日子。大米挂念着大维老师，准备了一篮子秋日的水果，再一次拜访了大维老师。

老朋友又一次见面了，大家都很开心。寒暄之后，大米又提及最近的经营状况。大维老师倾听了以后，笑着说：

“方法我还有几个，不过一下子都用上不一定效果好，要根据实际情况投入，循序渐进，效果最佳。”

大米自然不会放过这个机会，他死死盯着大维老师，好像在说，你不把绝招传授给我，我就不走了。

大维老师笑着说：

“我是怕你贪多嚼不烂。其实关于消费者体验，一方面我们要考虑消费者的需求，另一方面我们要考虑成本，所以要找费效比最高的招数。关于消费者体验，还要注意这两个非常重要的因素，一个是消费者的舒适感，另一个是消费者的安心感。”

“什么是舒适感？什么是安心感？”大米问道。

“舒适感就是当消费者和你合作的时候，他感到非常方便、舒服。我们常说的一条龙服务，其实就是利用了这个理念。而安心感指的就是消费者和你合作时，他不觉得担心，而是非常放心，这也是一种信任感。”

“那么想要有效地达到这些效果，有什么方法或攻略吗？”

“攻略是有的，不过哪些最有效，要通过实践来证明，而且必须要参考我刚才说的费效比。”

“理解，您还是快跟我讲讲如何能够提升舒适感和安心感吧。”大米心急地说。

大维老师俯下身来，细细地讲了起来：

“首先是快速攻略，我想，你一定在京东上购过物吧，京东提倡的是物流竞争优势。针对其他互联网电商的竞争，京东强调了自建物流体系，从而大力提升物流响应和物流速度。可以说，京东自营的很多商品，其订单的送货速度已经达到了‘晚上订购，上午送货；上午订购，下午送货’的程度。很多人会觉得这甚至比自己出去买东西还快呢。所以说快速响应是不是可以让消费者体验更棒呢？

“接下来就是便捷攻略。以往大家去快餐厅用餐时，会有排队点餐的现象。如果去一些常规的餐厅点餐，也会出现需要招呼服务员才能点餐的局面。最近，很多餐厅都推出了扫二维码点餐的方式，消费者只要用手机扫一扫，就能自动获得菜单，随后，点菜并提交就可以了。这样的方式既使顾客免去了排队等待的焦虑，也使顾客免去了因为服务员忙而顾不上自己的失落，对顾客来说便捷了许多，这种消费体验，也是很棒的。”

大米回到瑜伽馆，开始着手各项改进措施。首先是快速攻略。在这家瑜伽馆里，快速攻略可以体现在各个方面，其中快速响应消费者的需求是最为关键的。大米要求前台的服务人员对消费者提出的要求当场反馈并处理。对于一般的情况，做好登记以后，前台就可以进行处理。如果前台觉得消费者的要求超过了自己的职权范围，就要迅速向经理汇报，获得支持，从而更快更好地对消费者的需求做出回应。这一措施实行后没多久，大米就从微信渠道得到了会员们的反馈：“这家店处理问题的速度倒是蛮快的。”看来，“快速”这一方法确实能够帮助消费者提升体验。

记得有一次，一位消费者下午来到瑜伽馆进行体验，并表现出了很大的兴趣。但由于这位顾客是刚开始接触瑜伽，还没有配齐瑜伽用品。该学员在体验的当天就遭遇了没有瑜伽垫等问题。当天晚上，瑜伽馆的工作人员就通过微信把瑜伽用品的相关图片和价格发送给了该消费者。后来该消费者反馈说："没想到，你们瑜伽馆的反馈速度还真快，看到你们有这么负责的态度，我坚定了选择你家的想法。"大米想，在迅速响应这件事情上，这次瑜伽馆是得分的。

另外，大米还在"便捷"上做了努力。为了让每位消费者都感到方便，大米不仅从对新会员的一条龙服务抓起，而且更注重让老会员获得更便捷的服务。原先的更衣室，因为面积较小，显得比较拥挤，会员们有时候只能把衣服放在凳子上，大家都感觉非常不方便，也有会员对此不太满意。大米在更衣室里增加了许多挂钩，方便会员使用，也让更衣室看上去更加整洁。这一举措受到了会员们的好评。除了更新硬件设施，大米在课程设置上也花了一番工夫。因为瑜伽馆开在写字楼中，很多白领会趁中午休息的时候过来做瑜伽。大米专门针对这个时刻，开设了时间略微紧凑些的课程，配合白领们的上班时间。这一点也得到了白领会员们的一致好评。

做到了便捷之后，大米又思考如何进一步提升会员的安心感和舒适感。大米通过会员调研得知，消费者最关心的事情就是能否提供个性化的私教课程，或者提供个性化的瑜伽方案。大米想，每个人都希望有适合自身的方案。要提升会员的体验感，定制化手段必不可少。当然，有条件的学员可以购买私教课程，但大部分的学员恐怕还购买不起私教课程，可这部分学员也是非常希望有适合自身的方案的。于是大米让前台收集了会员的一些具体信息，包括现有瑜伽水平、锻炼的频率、上课时长等。带着这些信息，大米找到了瑜伽馆的总部，希望总部根据顾客的不同背景，分几类做一些定制化的方案。总部开始时觉得有些麻烦，但在大米的一番劝说下，也意识到了数据分析对优化瑜伽馆的服务、改善消费者体验的重要帮助。于是总部就组织了几位资深老师，做了数据分析和方案对比，把这些会员分成几个类别，给予相应的锻炼方案。

大米就把这些方案分享给学员，既让学员认识到自己处于瑜伽学习的哪个阶段，又让学员注意该如何循序渐进地练习，不断提高自身的水平；同时他也把这些方案分享给每位教练，让教练注意到学员的不同，指导学员去执行这些方案。不久，大米得到了会员的回音。有人说："那家店还不错，还有针对我的专属方案。每次教练都会根据我的情况，给予一些针对性的建议。这也是我能坚持下来的原因。”还有人说：“教练总是跟我聊一些针对性很强的问题，感觉教练挺有水平的。教练的专业性和瑜伽馆的整洁度，使得我一直坚持在那里练习。”这些都是大米为他们“量身定制”练习方案的结果。随着会员人数的增加，原有的私教模式受到了教练人数和时间的限制，不再适用，大米决定升级定制化方案。因此，他把所有的会员资料都输入电脑中，并将他们锻炼的情况和一些反馈也在系统中予以体现。然后，他邀请部分教练，在其空闲的时间里对学员进行一对一的在线辅导，帮助学员提高训练积极性，提升训练效率，改善训练结果。在短短的时间里，几乎所有的学员都得到了定制化的服务，而且每次的服务都大大改善了学员的体验，并且辅导的成本非常低，可以进一步推广这一模式。

生意渐渐有了些起色，会员的满意度也在不断提升，到了年底，大米决定加把劲，继续优化瑜伽馆的各项服务。

首先，瑜伽馆为会员提供优质的服务和优惠的价格，这具体表现在：瑜伽馆的设施会员都可以免费使用；会员可以以优惠的价格在瑜伽馆购买瑜伽器材等健身用品；对于消费者的相关需求，工作人员都会在可行范围内提供帮助。大米觉得，对于消费者的需求，只要合理，瑜伽馆都应该多提供相关的帮助，提升消费者的体验。其次，大米觉得瑜伽馆不应只是一个简单的提供瑜伽课程和场地的地方，而应是让大家更加了解瑜伽这项运动的地方。所以大米通过在馆内播放一些视频、给会员们推送信息等方式让大家慢慢了解瑜伽。大米还要求瑜伽馆运营透明化、规范化，不欺骗、蒙蔽消费者，让消费者得到好的消费体验，绝不让消费者对瑜伽馆产生不良的印象。还有，不断加强与会员的沟通力度。在会员微信群，工作人员会不断发布一些相关信息，除了发布一些与瑜伽相关的知识，还会在会员的重要日子（比如生日）送上祝福。平时，大米和工作人员也时刻关注消费者的反馈，在每一次活动结束后，工作人员总会与会员沟通，问一句，“您觉得活动体验怎么样呢？”“您觉得我们还有哪些需要改进的地方呢？”

第四节　消费者净推荐值的提高

按照大维老师的建议，大米在瑜伽馆的经营中使用了上述一系列策略，瑜伽馆果然有了很大的改变：经营状况慢慢好转，顾客反馈总体情况良好。可瑜伽馆到底提升了多少，有多少变化还不得而知。大米决定做一次调研。可调研问卷该如何设计呢？

大米想起了大维老师的建议，店家应该更关注消费者净推荐值而非消费者满意度。那什么是消费者推荐值呢？消费者推荐值就是愿意推荐店家的消费者所占的百分比。那什么是消费者净推荐值呢？那就是愿意推荐的消费者所占的百分比减去抱怨的消费者所占据的百分比。

为什么商家重视的调研结果从满意度向净推荐值转变呢？大米询问了大维老师后得到了如下答复：

“如果我们想解决消费者的投诉，处理他们不满意的情况，那么之前的满意度调查比较容易发现问题。但如果想让消费者在他们的朋友圈主动推广我们的产品或服务，我们就要提升消费者的体验。在整个服务过程中，商家不仅要满足消费者的需求，更要把握消费者内在的驱动因素，通过在服务中创造超越消费者期望值的体验来提高消费者的净推荐值。”

在大维老师的指导下，大米根据瑜伽馆的实际情况不断摸索，优化经营方式，使瑜伽馆的业绩有了显著提高。回想起这几个月来的努力和调整，他不禁思考起来：有这么多的策略和方法，但在经营中具体推行哪些措施能够提升消费者体验，收获高推荐值，是值得每一个经营者认真思考的问题。我们不仅要懂方法，更要深入第一线，使用 PDCA[①] 循环法，一步一步地提升，才能真正推动创新，实现升级，走向成功。

通过大米开店的例子我们看到了提升消费者体验的重要性，也看到了大维老师所提出的各种策略的有效性。下面笔者将为大家带来关于“四季锦囊”的更全面的论述。

诺贝尔奖得主、心理学家丹尼尔·卡尼曼经过深入研究，发现对体验的记忆由两个因素决定——高峰（无论是正向的还是负向的）时与结束时的感觉，这就是峰终定律。从这个角度出发，我们要寻找一个系统的方法来打造消费者的峰值体验。这就是“四季锦囊”的由来。

专注于消费者体验会带来什么好处呢？让我们来看看

---

① PDCA 循环是美国质量管理专家休哈特博士首先提出的，其含义是将质量管理分为四个阶段，即计划（Plan）、执行（Do）、检查（Check）、处理（Act）。

雅诗兰黛的“体验日”吧。曾经的零售企业，都将销售额作为每一间店铺的最主要的指标。而新零售的崛起，告诉我们消费者体验更加重要。这在实践中会带来什么结果呢？雅诗兰黛在全国推行了一次“体验日”活动，这一天不给消费者压力，不要求成交，不要求销售额，仅仅要求做好消费者体验服务。那么大家想一想，这样的做法是不是会减少许多销售额呢。其实不然，那天的实际营业额是平时的1.5倍。

既然消费者体验有这么神奇的魅力，我们自然也希望有以提升消费者体验为目标的攻略。“四季锦囊”就是帮助商家提升消费者体验，从而增加盈收的“锦囊妙计”。“四季锦囊”提出想要提升消费者体验，需要满足以下四大需求。第一是春季的仪式感。生活需要仪式感，消费过程中的仪式感是非常重要的。而要满足消费者的仪式感需求，美观、精致、成方圆是三大攻略。第二是夏季的情感。情感是人类生活的一部分，而尊重、赞赏、予信任是提升情感体验的三大要素。第三是秋季的舒适感。每个人在生活中都会追求幸福、快乐，我们通过快速、便捷、定制化攻略来让消费者在消费中获取舒适感。第四是冬季的安心感。

消费者需要安心，而我们通过承诺、透明、勤沟通三种方法来使消费者安心。这四大需求十二种攻略，正是“四季锦囊”的基本框架。在我们研究消费者体验的提升过程中，我们曾经研究过很多模型，后来我们发现，酒店行业有个服务标杆，那就是四季酒店，它有很多行为设计值得我们去学习。在深入研究的过程中，我们不断吸收其中的精华，提升我们的理念和改善我们的实践。现在，如果你想深入了解“四季锦囊”，就让我们从春季开始吧。

第二章

消费者体验之“春意盎然”

春天来了，百花齐放，万物复苏，到处都是生机勃勃的样子。在这个季节里，人们充满欣喜、希望，其中，人们用“春意盎然”来形容一种美好的消费者体验。那么，“春意盎然”的消费者体验是什么样的呢？如果在购物时，商家有一种良好的展示，无论是商品还是服务，都能够给消费者留下美好的印象。这时候，因为产品或服务的美好，消费者会产生一种美好的感受，这就是仪式感！

对于顾客来说，仪式感是一种高端、大气、上档次的体验，能够在消费过程中，让他们自然而然产生一种满足感和愉悦感。

单单用满足感、愉悦感这样抽象的字眼来形容仪式感未免有些空洞，下面我们就来举几个生活中的例子向大家具体介绍什么是仪式感。

天安门广场上的升旗仪式

来北京的游客，常有一个必备的旅游项目——去天安门广场看升旗仪式。因为升旗的时间比较早，去观看的人又往往很多，所以很多人需要早早起来赶到天安门广场，然后等待国旗护卫队的到来，见证庄严、肃穆的升旗仪式。在庄严的气氛中，国旗护卫队的战士身着统一的服装，迈着整齐划一的步伐。伴随着雄壮的国歌声国旗冉冉升起。所有的观众凝视着缓缓升起的国旗……所有这一切激起了人们心中的自豪感和爱国之情，人们通过这一行为获得了一种仪式感。

千禧年观日出

还记得千禧年的时候，有消息称中国大陆上第一缕新世纪的阳光将照耀在浙江温岭石塘镇。于是，很多人就专门在那天凌晨，赶到石塘镇海边，去迎接新世纪的太阳。虽然太阳还是那个太阳，每天都会升起，但那个时刻，那个地点，所有观看日出的人感受到的是迎接新世纪的美好。这也是一种仪式感。

知道了消费者在消费过程中追求的仪式感是什么后，商家应该怎么做呢？下面就让我们一起进入消费体验之“春意盎然”吧。

第一节　美观攻略

消费者有仪式感的需求，我们如何满足消费者的这一需求呢？首先，毫无疑问，美好的形象总是受人欢迎的，人们都喜欢精致的、美丽的事物，这些事物能够在被看到的第一眼就让人心生愉悦。因此美观攻略就产生了。“美观”指的是，从视觉上给消费者一种美的享受，让消费者对商品或体验过程产生兴趣。我们在运用这个攻略的时候，要更多地从产品的外观、产品的包装、产品的陈列、服务的用具、服务场所等方面去思考，从而给消费者带来更好的体验。

下面让我们通过具体的例子来感受一下美观攻略的魔力!

大家都去餐厅吃过饭吧，现在，餐厅仅仅凭借食物的美味是远远不足以吸引顾客的，食物的摆盘、餐厅的装潢都大有讲究。“甬府”餐厅的卤豆腐就在“美感”上下足了功夫。服务员会端上一个托盘，托盘里有水，还有鱼，鱼在水中游，中间是食物——卤豆腐（见图2－1）。有美景欣赏又有美食享受，大家是不是觉得体验不错呢?

图2－1 “甬府”餐厅的卤豆腐

食物尚且如此，以追求“美”为宗旨的化妆品更是这样。大家看过化妆品试用装的裱花吗？每一次消费者试用以后，营业员都要重新制作，雕刻出一个精美的裱花。千万不要认为这是多此一举。试想一下，当你在柜台试用化妆品的时候，一个带有裱花的精致试用装和一个看上去就被多次试用过的试用装，哪一个会让你感到愉快呢。所以，一个小小的裱花能增添许多顾客的好感，何乐而不为？小巧又不失典雅，正是漂亮外观带给顾客最好的体验。正如图片中的艺术插花（见图 2 – 2），让我们一进这个地方，就有了一种温馨的感受。

图 2 – 2　艺术插花

说到在美观方面下足了功夫的商家，柏悦酒店就做得非常好。柏悦酒店会针对不同的节日更换酒店的装饰。每当节日来临的时候，酒店总要应景装饰一番。比如圣诞节来临前，酒店会布置圣诞树、铃铛等富有圣诞气息的装饰物，为客人们创造出浓浓的圣诞节氛围。漂亮的酒店装饰总是能吸引顾客的眼球，既提升了酒店的档次，也提升了消费者体验。

当我们期望提升消费者体验，满足消费者仪式感需求的时候，别忘了先从美观这个攻略入手。把自己的产品打造得漂漂亮亮的，一定事半功倍。那么实践中美观攻略能不能奏效呢？让我们来看一些实际的例子吧。

笔者所在的咨询培训行业，每年都会举办一些培训展会。某次培训展会在上海某酒店召开。笔者的公司决定参会并将于上午的最后一个小时，在会议室给参会者做一次宣讲。一般来讲，这个时间并不讨巧。因为经过一上午的参观，大家多少会有些疲惫，而且临近中午，又难免会想一些午餐的事情。那么，如何吸引消费者来听宣讲并且提升他们的体验呢？笔者的公司就使用了美观攻略。我们把公司背景、讲师简介、会议主题做成精美的海报，并把这些海报贴在了会议室四周的墙壁上，再在会场入口摆放漂亮的易拉宝。经过这番努力，最后，参会者坐满了整个会议室。

第二节　精致攻略

除了美观攻略，精致攻略也能给消费者带来仪式感。精致是指使产品和服务有价值感，有档次。那么，想要让产品变得精致，要在哪些方面重点去做呢？一个产品，主要包括材质、装饰物、设计等几个部分，从以上几点入手，就可以让产品变得精致。

“辣府”火锅店就在筷子上将“精致”做到了极致。就座以后，你会看到，桌子上放的筷子，是两截的：上面一截是用比较有质感的材料做的，可以重复使用；下面一截是木质的，一次性的（见图 2－3）。使用的时候，把下面一截套入上面一截即可。这样做的好处有两点：首先，筷子有足够的质感，长度也合适，使用起来比较方便；其次，使用时只要更换前端的一次性木筷即可，既卫生又方便。这个精致的筷子提升了消费者体验。

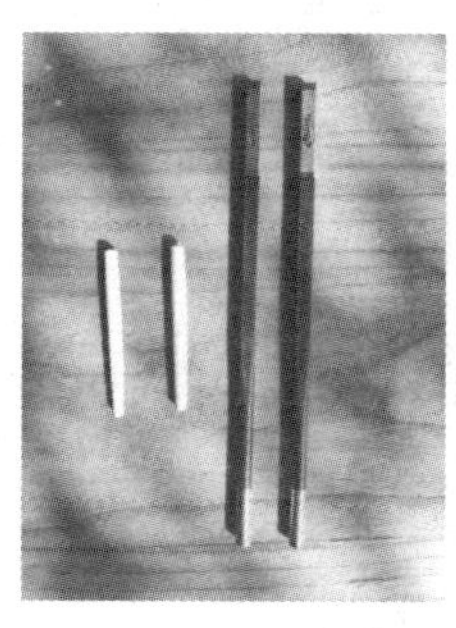
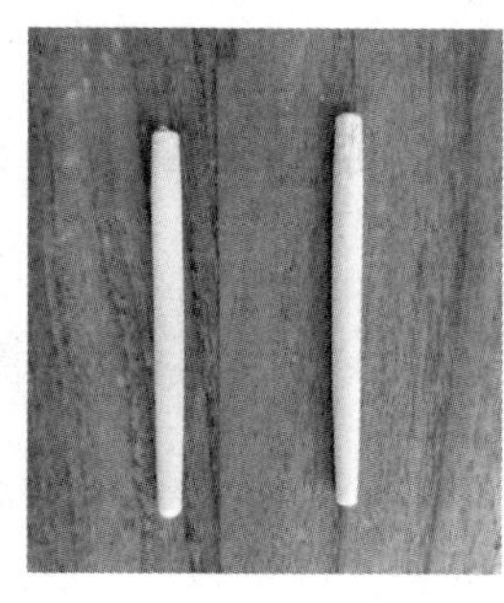
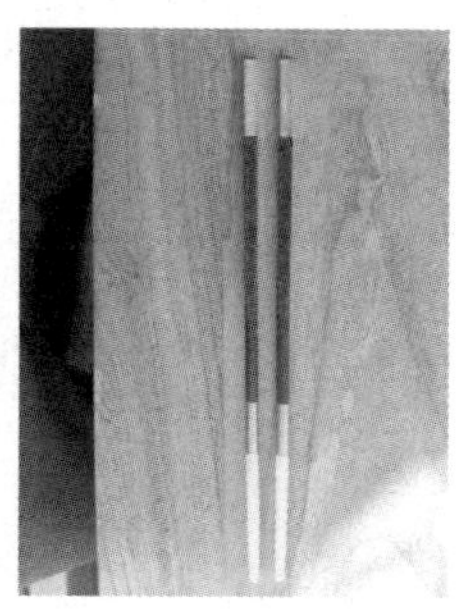

图 2－3　“辣府”火锅店精致的筷子（组图）

在追求精致的道路上，有些商家着眼于小处，以小见大，彰显精致品位，比如上面提到的“辣府”火锅店；有些商家则是斥重金引入高新科技来提升顾客的消费体验，比如某 D 品牌化妆品就是其中的佼佼者。当你去到 D 品牌的专柜时会发现，现在其产品介绍，不仅是店员宣传，而且还使用了最新的 VR 眼镜（虚拟现实头戴式显示设备），让顾客有身临其境的感觉。这个 VR 眼镜的使用，很大程度上提升了 D 品牌的档次，让消费者切实感受到了其产品的使用效果，提升了消费者体验。

通过上述分析，我们明白了可以运用精致攻略来满足消费者的仪式感需求。那么在实践中我们是怎么运用的呢？还是上文提到的那次培训展会，在宣讲过程中，我们赠送给每个参会者一个掌心大小的礼盒，礼盒里面是由五星级酒店的厨师制作的小甜点。作为参会者，客人们不仅学到了知识，而且收到了如此精致的点心。点心不仅美味，在外观上也是下足了功夫，上面还有裱花，令人赏心悦目。在这个培训展会的现场享受如此精致的点心，我想每个参会者都会留下深刻印象的。

第三节　成方圆攻略

要满足消费者的仪式感需求，成方圆攻略也是一个非常有效的办法。成方圆是指商家的服务有规矩、按程序、有章有法。消费者会关注到商家服务的整个流程，这方面的改善也能显著提升消费者的体验。

很多餐厅在运用成方圆这一攻略后成效显著。大家各出奇招吸引顾客的注意力，提升顾客就餐时的消费体验。

例如海底捞的“扯面舞”。扯面没有什么特殊的，味道也不特殊，但是那个舞蹈让大家印象深刻。又如铁板烧，普通的铁板烧平凡无奇，但当厨师将一些炫技式的表演加入其中时，顾客的感觉马上就会变得不一样了。比如“凌空劈鸡蛋”，在厨师的手中，普通的鸡蛋和配料变成了一个艺术品。上述两个例子，使大家明白了成方圆攻略的重要性。

我们在实践中，也充分运用了这个攻略。还是上文说到的那次培训展会，我们准备了一个签到墙，让每位参会者都进行签到，然后扫码进群。这个环节的设计，让参会者感受到，相比其他公司的宣讲会，我们的宣讲会更加正规、上档次。

一年之计在于春，春季的仪式感能让消费者一开始就有很好的体验。大家要巧妙运用这三种攻略去满足消费者的需求，相信效果一定不错。可单单满足春季的仪式感需求还不够，让我们看看，夏季能给我们带来什么惊喜的攻略吧。

第三章

消费者体验之“热情夏感”

夏天来了。夏季是最热的季节，也是最容易让我们感情迸发的季节。很多消费者，无时无刻不需要感受到商家的热情。如果我们抓住这个机遇，给予消费者超出其预期的情感享受，相信消费者体验一定能够得到改善。

良好的人际交往能力往往被人称赞。有些人与人交往时会让人感觉很亲切，有些人则让人感觉很生疏。究其原因，就是有无从他人的角度思考问题，感受对方的情绪，照顾他人的感受。有一次一个主持人采访某位男星时说：“你最近很火啊。”这位男星回答说：“确实很火，因为都已经被你采访了。”我想这个回答一定能够让主持人感受很好，从而增进双方的情感。

即便是一个大人物，也需要具备很好的交往能力，大家还记得《三国演义》中的故事吗？许攸来投奔曹操，曹操正在睡觉，一听说许攸来了就立马奔出来迎接，连鞋子都没有穿。这个举动令许攸很感动，有种士为知己者死的感觉，于是就为曹操出了一计，最终帮助曹操打败了袁绍。

某位大企业家做东邀请大家聚会，出乎大家意料的是，当电梯门打开的时候，发现这位大企业家就在电梯门一侧迎接大家，并把自己的名片逐一发给大家，同时每人都用抽签的方式来决定座位号。而且大家入座之后发现，每桌都放了额外的一双筷子。原来，这一位大企业家并不只是简短地和大家寒暄几句，而是在每桌都不多不少坐了 15 分钟，让大家都感到满意。

很多知名人士，最让人称赞的不仅是其成就，还有其待人之道。如果和他们交往时比较舒心，没有给人高高在上的压迫感，也没有难以相处的感受，相信他们会更受人尊敬。连很多成功人士都如此重视与人交往，经营者更是一点都不能马虎。那么具体应该怎么做呢？

第一节　赞赏攻略

消费者的个人情感的满足来自哪里呢？赞赏是一个绝

对有效的攻略。赞赏是指赞美消费者，欣赏消费者。如果对一个消费者表示赞美和欣赏，那么他必然会有一种情感上的满足。赞美有一种不可思议的推动力。

赞美别人不但在人际交往中很重要，在销售行为中更重要。比如在化妆品柜台，如果有客人来了，并且有购买化妆品的意向，那么，赞美消费者就是一个必备的环节。有的专柜人员会赞美顾客的肌肤状态：“女士，您的肌肤纹理细致，紧致度这么好，光泽感这么强，真想不到您孩子都这么大了。”有的赞美顾客的保养意识：“现在好多人都觉得自然就是美，像您这样有好的保养意识和保养行为的人真的不多，怪不得您的皮肤这么好！”还有人会赞美顾客对产品的熟悉程度：“您真的是我们的老顾客，对我们的产品这么熟悉。”大家看看，这些赞美哪个不是满足了顾客的心理需求，增强了他们对品牌的好感度呢？

在赞赏攻略中，如果能在恰当的时机合适地表达自己的欣赏，产生的效果会更好。记得在一次分享沙龙上，一位女嘉宾穿着时尚，正在积极地同我们进行交谈。这时候我们的一位资深顾问看到了嘉宾手上戴的手链是××品牌的，于是他马上说：“原来您的手链是××品牌的，这可是顶级手链品牌，很多欧洲贵族都喜欢这个品牌。您带这个品牌的珠宝，那是很有气质的表现哦。”同时露出欣赏的眼神。我们观察到，这位女嘉宾在受到资深顾问的赞赏后，笑容更灿烂了，相信她的心理体验很不错。她微笑着点点头，更加积极地和我们交谈起来。这就是欣赏的巨大力量。

我在以往的工作中，也碰到过类似的场景。有一次和合作方进行洽谈，开始的时候，合作方的意愿并不强烈，也许仅仅出于商业礼节的考虑，客气地接待了我们。然而，话题还没深入多少，客户就表示，他们已经有了不错的合作伙伴，暂时不会考虑新的合作，这次会谈双方有个初步了解就可以了。当时的情景下，对方已经表示了不考虑合作，甚至期望会谈能够尽快结束，因此会议的氛围是比较冷淡的，也略显尴尬。此时如果硬性进行合作推荐，恐怕不会达成理想效果。而赞赏攻略就是一把打开合作大门的金钥匙。因此我们就说道：“刚才您介绍到贵公司的合作非常稳定，这说明您作为管理者，一定很有眼光和策略，所以效果才会这么好，可否跟我们分享一些心得体会呢？”正如大家所料，双方谈话的氛围就逐渐融洽了起来，随着交谈的深入，双方的合作共识也慢慢地建立起来了。

很多人都知道赞赏攻略的重要性和功效，但往往没有合适的话题和方法，想做却又达不到效果。这里我们推荐社交货币，社交货币源自社交媒体中经济学的概念，简单地说就是利用人们乐于与他人分享的特质塑造出来的产品或思想，从而达到口碑传播的目的。社交货币首先是谈资，比如交流要有话题，话题来源于生活的点滴，而这些东西，有高有低。比如谈论一档知识类节目，有一些是想获得知识，有一些是想让别人觉得自己很有档次。有时候谈论一本书，其实际内容的好坏并不重要，重要的是有很多权威人士都推荐了，自己看了之后就会有成功人士的感觉，与人交流时就会有话题。所以，我们在赞赏别人的过程中，最好多运用社交货币。比如最近比较火的话题、娱乐方式等。总而言之，运用社交货币来赞赏，自然而又不露痕迹。

有一年夏天，我去美国度假，随身带的香水用完了，就去著名的诺斯通百货选购香水。我在三款香水中犹豫不决，最后没办法，只能选择其中的一款准备付钱。这时候，营业员对我说：“先生，过几天就是我们的店庆了，您要不过几天再来买，我看您对这几款香水还没最后决定好，我先给您三个免费的试用装，您先拿回去用，10 天以后，等我们店庆时您再来买，这样会有很大的优惠，您也可以决定到底选哪款香水。”当时我就感觉很温暖，因为营业员没必要告诉我这些信息，她能够主动告诉我，说明她把客人当作朋友。在这个案例当中，我们可以看到，营业员运用了社交货币，因为她告诉了我一些我不知道的信息。

又比如现在比较流行的抖音，有很多人在抖音上进行推广和“吸粉”。我们培训师在一起交流的时候，当话题涉及当下新的“吸粉”渠道的时候，总会引起很多的共鸣。此外，抖音课程以及抖音思维，都会引起更多的交流。你打算加入某个交流沙龙，如果提前准备一些社交货币，那是不是很容易让你的影响力得到较好的推广呢？

第二节　尊重攻略

同样，尊重消费者也是非常有效的情感攻略。尊重是指尊重消费者的行为和价值观。在某会所喝的一次下午茶让我记忆犹新，我和几位朋友坐在沙发上，聊得非常热闹。

这个会所的服务人员站得离我们稍微远一些，和我们保持一定的距离，确保听不到我们的谈话。但如果我们有什么服务需求，招呼一下，他们很快会出现在我们的面前。我们的隐私得到了尊重，这使我们感觉非常好。

很多餐厅的服务人员有这样一种特殊的技能，就是能够记住客人姓什么，当客人第二次来临的时候能够带客户的姓来打招呼，比如，“张先生，欢迎再次光临”，又或者，“李先生，又见到您很高兴”等。用这样的方式来打招呼，会使客人感觉受到了尊重。据说，美国有一家酒店为了让客户有更好的体验，对所有客人进行了这样的安排：当客人下了车以后，行李员上来帮客人拿箱子的时候会问是第几次来到酒店，如果客人的回答是两次或者两次以上，那么这个行李员就会对着前台登记的同事抓抓自己的左耳朵。前台的服务人员就知道这个客人是老客人了，所以当客人走到收银台的时候，神奇的一幕出现了，“欢迎再次光临本酒店”。客人给很惊讶，因为他知道刚才只有那个行李员知道他是老顾客，但是现在前台的人员这样说一句，他会感到无比幸福，因为他感觉被尊重。虽然这个做法有投机取巧的嫌疑，但如果我是客人，我还是很喜欢酒店的这个小心思，让我感觉很好。

在实践中我们又是如何运用尊重攻略的呢？还是以上文提到的培训分享会为例。为了让大家感受更好，得到更多被尊重的体验，我们特意设计了一个签到软件。当参会人员完成签到以后，我们就把参会者姓名放到屏幕上滚动播放，同时用对方的姓名去称呼参会者，这就给了每个参会者更多受到尊重的感受。另外，美国纽约某超市在顾客临走的地方，设置了一个反馈台，邀请顾客向超市反馈他的体验，这也体现了商家对消费者的尊重（见图2-4）。

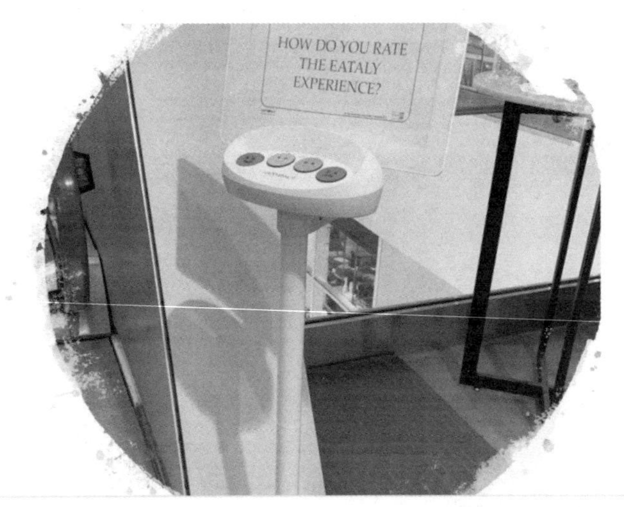

图2-4　美国纽约某超市的反馈台

这里还要夸夸我们的市民服务热线12345，原来老百姓有很多意见，但是不知道如何去向相关部门反馈，而现在开通了这个热线电话，其实就是对老百姓意见的重视，某种程度上也就是尊重。更为可贵的是，这个服务热线还有一个跟踪反馈的机制，也就是服务热线的工作人员会在得到居民的意见后的一段时间内，进行一个回访跟踪，首先询问居民提出的问题是否得到了解决，如果没有解决会询问相关的原因；其次，就问题的解决过程中居民对相关工作人员的态度、规范性、处理行为等是否满意，征询意见。相比以往，这些意见大多数得到了回应，而老百姓也感受到了被尊重。

其实尊重攻略远不止这些，通常我们运用比较多的是礼貌方面的尊重，其实更深入的尊重是对消费者的文化、思维、偏好、习惯等方面的尊重。比如我们在日常生活中经常能看到的，不管价位处于哪个档次，总会有些消费者觉得价格高，要进行讨价还价。我们也看到一些服务人员，当消费者有购买意愿时，他们脸上总是挂着微笑；而如果消费者提出异议，觉得价格偏高，要求给点优惠时，他们脸上就流露出不满，虽然嘴上没说什么，但表情和动作已把自己的不满全部传递给了消费者。

所以如果你真的想表示尊重，当顾客向你提出价格太高，或者说别家的产品更便宜时，你的第一反应应该是接受顾客的想法，毕竟每个人都希望购买到价格更优惠、性价比更高的产品。因此正确的做法是不去辩解，而是表示理解客户的困惑，在这个基础上，再去解释自己的价格结构，比如，“你说的那家卖得便宜一定有原因。但我不知道他们的价格结构，所以无法解释原因。我介绍一下我们这里的价格结构，也许可以帮你比较”。或者，“我相信一定会有一些价格更优惠的产品，能让我了解一下，您购买产品时主要考虑哪些方面吗？”在了解了消费者需求的基础上，不断分析和判断，也可以抓住客户的心理去介绍自己产品的特点，从而赢得客户。总而言之，对客户的尊重一定是建立在内心尊重的基础上的，而且涵盖多个方面。

在销售中这样的例子更是不胜枚举。例如，在建材行业，某国产知名品牌的销售人员经过相关培训后，在店铺里对消费者的接待很有章法。在某国产卫浴店里，常有些老年人来询问相关的产品。这些老年人相对来说购买力比较有限，因此他们比较感兴趣的都是低价位的产品。但这家国产品牌店铺的服务人员并不会表现出任何不满。我们观察到，这些服务人员训练有素，非常耐心地给老年人讲解各种产品，并做相关示范。由于老年人有时候在理解方面不是很敏捷，需要服务人员花费更多的时间来进行讲解，但是这些服务人员没有显示出任何的不耐烦，而是一遍遍耐心地讲解。从中我们看到，整个服务团队给予了老年人很多的尊重，没有让他们在整个购买过程中感到任何的不满意。

第三节　予信任攻略

满足消费者的情感需求，还有一个非常有效的攻略就是予信任。予信任就是给予消费者充分的信任，这是通过信任消费者的策略，以及服务人员的语言和语气来实现的。比如，我们现在已经习惯了的购物 7 天无理由退换货政策，从某种意义上来讲，就是商家给予消费者的信任，他们相信消费者会出于诚意购买相应的产品，当提出退换货要求时，是由于使用不理想而非其他人为因素。充分的信任可以大大提升消费者的消费体验。

在化妆品行业，有些品牌的试妆台是免费开放给消费者体验的，消费者可以在那里尝试任何可尝试的产品，即使有些顾客化全妆，店员也不会来阻止。因为他们坚信，顾客是有购买意愿才来尝试的。通过这种充分的信任，他们提升了到店顾客的消费体验，增加了顾客的购买力，从而增强了品牌的竞争力。

在酒店服务中也是如此。很多酒店对老顾客简化了入住办理手续，老顾客可以快速入住。在退房过程中，酒店也提供了快速退房的手续，只要客人说没有额外消费，酒店就相信他们的说法，客人交付钥匙即可退房。针对老顾客的简化入住和快速退房政策，正是给予消费者信任，提升消费者体验的一种做法。

在实践中，是如何运用予信任攻略的呢？在我们举办的培训分享会中，我们把分享内容的模型、案例、心得、合作模式都毫无保留地分享给了每一位参会者。针对不同参会者，无论他们有什么样的目的和需求，我们都给予他们充分的信任，希望通过分享，让每位参会者都能得到最大的收获，感受到最好的体验。

在某些使用会员卡消费的地方，如果消费者没有带会员卡怎么办？很多地方会委婉地拒绝。而在有些地方，他们的处理方法是给予客户足够的信任。例如，某个美发店，如果这次你真的没有带会员卡，那么店家首先选择相信你是本店的会员。接着，如果消费金额少，就先记账上，等下次来的时候，用会员卡补上即可；如果消费金额多，就需要先付款，当下次带会员卡过来时，再把原来的消费金额退还给你。

有一位朋友在北京某家高级餐厅消费时点了一份蟹粉豆腐，尝了之后，感觉比较腥，就向餐厅经理反映了这一问题。餐厅经理给予了这位朋友足够的信任，他丝毫没有怀疑客户的口味，仅仅表示目前他们这里的做法确实是这样的，口感也确实如此，鉴于口味上没有被消费者认可，他们深表歉意，并表示提供免费换菜的选择。整个过程中，朋友表示，最好的体验就是从头到尾，没有被质疑口味上有问题，也没有被认为是挑剔的消费者。

如果建立了与消费者之间的情感联系，绝对会让消费者体验又上一个台阶。可是要让消费者真正获得良好的购物体验，单单感情上的沟通是不够的，我们必须让消费者实实在在感受到优质的服务，而舒适感就是其中最重要的。接下来，让我们进到下一个环节，秋季的舒适感。

第四章

消费者体验之“秋高气爽”

秋天是收获的季节，在这秋高气爽的日子里，大家都想得到舒适感。同样，在消费过程中，每位消费者都希望获得实实在在的优质服务，既贴心，又舒适。这也是我们常说的服务要到位。

相信大家对网络购物都不陌生。我在这里问大家一个问题：为什么网络购物能迅速发展，打败很多实体店？答案就是快速和便利。我们在网上购物时，可以迅速地找到很多供应商，可以对商品进行比对，寻求合适的价格；而如果去实体店铺购买，要花费很多的时间和精力，而且不一定能够选择多家进行比较，不一定能买到自己心仪的商品。通过多年物流网络的建设，现在网上的订单能在短短的一两天时间内就送到。这些都是网络购物的竞争优势。这些事实证明，随着生活节奏的加快，每位消费者都希望得到快速、便利的购物体验。这种体验的需求我们称为舒适感需求。

第一节　快速攻略

那么，如何提升消费者的舒适感呢？快速攻略可以说是必须遵循的一个原则。“天下武功，唯快不破。”这句武侠小说里常见的口诀提示我们，应对消费者需求，要迅速反应并快速实施。如果老是慢半拍，我们就可能丢失消费者，更别提拖延、怠慢给消费者带来的伤害了。因此，快速攻略的第一个要点是要快速响应消费者的需求；第二个要点是根据情况，选择最合理的方式快速实施方案，争取在短时间内处理完毕，也就是良好地控制时间。

餐饮业在“快”这一点上发展得比较完善，大家记得海底捞的服务吗？顾客点菜完毕，服务员会用一个沙漏来计算时间，也就是说，他们承诺在沙漏结束之前给客人上好菜，如果超出了这个时间标准，就会打折或者送菜作为补偿。这种快速服务攻略提升了消费者的体验。

在其他行业中，“快”也是经营者们所追求的。比如说在建材行业，送货速度在不断提升。一些知名品牌可以做到用户当天下单，当晚入系统，隔天配送货品，通常配送当天货品即可到达用户小区。这种快速的响应也是建材行业提升消费者体验的重要手段。

酒店行业也是如此。客人常常会对酒店的反应时间做出比较和判断。比如客人想要个刮胡刀，他们会比较哪家酒店能够非常迅速地送货上门，哪家酒店需要较长的时间。通过比较，客人自然会对酒店的服务水平做出评价，从而影响其他消费者的选择。

超市也在实施快速攻略。曾经，我们都因超市的排队时间长而烦恼，超市也在为客流高峰期的拥挤而烦恼。超市因此推出了快速通道，能使购买少量商品的顾客减少等待时间，但这个措施不能从根本上解决人多排队长的问题。现在，随着移动支付等技术的普及和提高，超市推出了自助收银服务，只要你把物品放置在台面上扫描后，就能够进行自助扫码、自助核对、自助支付等一系列操作，实现快速购物。

快速攻略更多的时候体现在产品或服务的交付上，这确实没有错。不过，快速攻略还包含着对工作的一种急迫感，对消费者要求的迅速响应，对问题处理的高效率等。比如，对于消费者的一个询问电话，你有没有定下期限进行回复？对于消费者的一个投诉，你有没有迅速去找原因并进行处理？这些措施的实施最后体现出来的就是消费者的体验得到提升。某咨询公司实行了快速攻略后，年终得到的消费者好评大大增加。公司对所有的反馈进行了深入分析，最后发现，对于“快速”的好评占了一半。可见，实施快速攻略所带来的效果远超预期。

再来说说医院，上海的某家儿科医院是非常拥挤的，在最忙的时候病人的平均就医时间接近 9 个小时。所以无论医生如何努力，病人的就医体验都好不了。笔者带孩子去看病的时候，也感受过这种痛苦。不过，最近上海市民的就医体验得到了明显改善，大家猜猜，医院用了哪些方法？其实万变不离其宗，一是增加供给量，医院开设了夜门诊和周末门诊，让更多的孩子能够看上病；二是减少无意义的等待时间，医院实行预约挂号和现场挂号相结合的措施，并且要求孩子实际到场后再次挂号，避免一些“黄牛”挤占资源的行为。这样，普通市民带孩子就医的时间就下降到了2~3小时，总体的就医体验也提升了不少。在这里，要感谢付出辛勤劳动的医务工作者，也要感谢从快速角度出发实施改善措施的医院管理者。

第二节　便捷攻略

除了快速攻略，我们的服务还要从让消费者便捷这个角度出发。便捷攻略是指方便消费者获取产品和享受服务。美国某教授提出了减少消费者费力指数这个概念。他指出，在现代社会中，想要获得消费者的忠诚度，提升消费者的净推荐值，仅仅靠以往的客户满意指标是很难实现的。他的研究表明，消费者整体体验能否提升取决于两个方面，一方面是完成这个体验是否能获得很棒的感受；另一方面就是完成这个体验会不会费劲，即费力指数是多少。比如，查询话费时，消费者只想知道话费查询结果而已。在都能获得话费查询结果的情况下，竞争的关键就集中在消费者在查询话费的过程中，要花费多少时间和精力，也就是我们提到的费力指数。最终哪家供应商能够降低消费者的费力指数，哪家供应商就能提升消费者的整体体验，从而赢得消费者的忠诚。从这个角度来看，便捷攻略就是降低消费者费力指数的好方法。

如果消费者得到产品或享受服务时需要付出很多努力，比如要满足很多的条件，或者办理繁杂的手续，那他们的感受一定不会好。例如，“双十一”网购时候的优惠券，要符合很多条件才能用，后来就被很多消费者废弃不用了。商家会慢慢发现，这些优惠券往往达不到预期的效果，提升的销量有限，对消费者体验的提升更是不值一提。因此，便捷攻略可以是为消费者提供便利的措施，方便其获取产品或享受服务；也可以是提供“一条龙”服务，解决消费者的所有需求。

不知道大家有没有注意到，肯德基的门口往往会有一个易拉宝，除了宣传广告，上面还有个大大的二维码，顾客扫码即可进入点餐页面，非常便利。这个服务不仅减少了消费者排队点餐所带来的不适，可以让消费者享受及时点餐的便利；也可以让餐厅后台更快更准确地得到点餐信息，迅速备餐，方便消费者更快地拿到自己的餐食。这种便捷服务可以有效提升消费者体验。

说到提升消费者的便捷性体验的服务，那么就不得不提移动支付了。中国的移动支付已经走在世界前列了。支付宝和微信支付给我们的日常生活带来了非常大的便利。在餐厅、超市、商场，我们结账付款，只需嘀一下；出门在外消费，仅需带一个手机即可，不再需要带着大量的现金和银行卡了，真正给人们的生活带来了极大的方便。

下面来看看亚马逊的无人超市，首先是其门口，整洁、美观（见图4－1）。

图4－1　亚马逊无人超市的门口

再来看看其精致的货物（见图4－2）。

图4－2　精致的货物

整齐的货架，方便消费者快速挑选（见图4－3）。

图4－3　整齐的货架

最后只需刷手机就能完成支付，真正体现了其便捷性（见图4－4）。

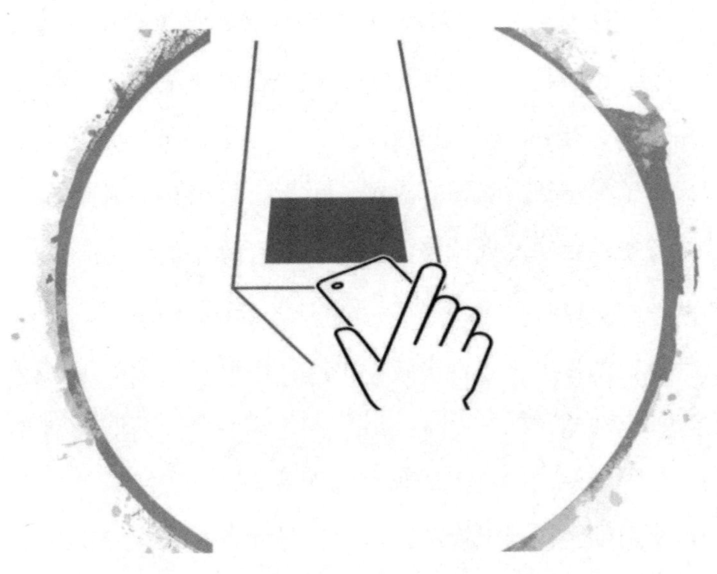

图4－4　刷手机示意

当前社会还有一项便利的服务就是外卖服务。当人们不想做饭，也不愿出门就餐的时候，只要在手机上下单，短短几十分钟后，外卖就能送到，非常方便。现在，外卖的服务范围大大扩展了，不仅可以送餐饮，还可以帮忙代买其他东西，解决了人们想买东西却不想出门的难题。加上合理的外卖费用，全面的网络覆盖，外卖服务提供了我们原先想也没想到的便利，消费者的便捷需求被不断满足，自然市场会不断扩大。

其实这项便捷攻略在现代社会中无时无刻不在上演。记得十几年前我在瑞典留学的时候，在使用瑞典的公共交通系统（包括公共汽车、长途巴士、地铁、轻轨、火车等）时，有了很多新的认识。比如，上下公共汽车的时候感觉非常方便，后来发现瑞典的公共汽车在停站的时候，整个车厢是向右边倾斜的，右边车轮的悬挂系统会自动低下来，这样方便乘客上下车；乘客要下车的时候，只需要提前按铃，司机到站后就会停车。另一个让我印象深刻的事就是换乘特别方便，瑞典首都有个城市中心，几乎所有重要的城市交通都会在那里换乘，那里也是地铁和火车的换乘中心。计算好时间后，换乘是非常方便的，因为那里的地铁和公交都是按照时刻表运营的，而这个时刻表，充分考虑到了乘客换乘的需要。

小到一个挂钩，大到一个交通枢纽，都能体现便捷，而这些便捷，需要商家提前为消费者构思、设计。希望便捷攻略能够深入每个商家的心，让消费者有更好的消费体验。

第三节　定制化攻略

在这个生产模式不断从大规模生产往个性化定制转变的时代，想更好地满足消费者的舒适感需求，个性化定制是一个躲不开的话题。定制化攻略是指依据消费者的个人偏好来制订相对应的解决方案。当消费者面对传统的标准化产品和服务时，他们的感受往往是，为什么没有专属于我的那一份。如果有，那我一定会为其买单。自己选择的个性化方案，无论如何也要维护其正确性。

大家都去过美容美发店吧。每次去修剪头发的时候，我们希望有一个什么样的发型呢？肯定是适合自己的、能给自己带来欣喜感受的发型。比如在办公室工作的人，一定希望自己的发型给人一种精明干练的感觉。每一位消费者一定都希望发型师根据自己的肤色、脸型、身材等，打造一个适合自己的发型。独一无二就是定制化的魅力所在。

在香水柜台，很多品牌都可以根据消费者的喜好和需求来调制香水，打造独一无二的专属香水。每位顾客都可以选择自己喜欢的香味，选择适用于各种不同场合的一种或者几种个性化的香水。既拥有了自己专属的香味，又可以针对不同场合有不同的选择。我想，拥有定制香水的顾客的消费体验一定不会差。

除了定制化商品，定制化服务在消费体验中也是非常重要的。当客人到酒店办理入住手续时，如果服务人员能用客人的姓氏来称呼他们，我相信客人的感受一定比被简单地称呼为先生或女士要好。一些高档酒店，比如柏悦酒店为客人提供客房管家服务，就是希望为入住的客人提供定制化的专属服务。在客房设施中，我们也能看到酒店的小心思，他们不仅设计了卫生间的双台盆，以满足客人们的不同需求；浴巾也分大小准备了两套共四条，目的就是希望客人能够按照自己的喜好选取合适的浴巾。这些举措，都是定制化策略在实践中的应用。

目前装修市场的定制化竞争让消费者印象比较深刻，比如整体厨房定制，设计师根据业主的厨房大小和业主的需求，安置好各种厨卫电器，让业主的冰箱、微波炉、烤箱、洗碗机等都有自己合适的位置。相比以前，整体性和协调性都会好许多，使用的舒适程度更是毋庸置疑。还有现在的全屋家具定制，在房价高涨的今天，利用好每一个空间，设计好每一个柜子的功能，都会让业主受益，全层家具定制就可以让业主的家没有浪费的空间。不仅如此，设计师还会根据不同业主的情况，量身定制各种风格，比如简约型、现代型、古典型等，使得风格各有特色，体现业主的生活理念，从而优化居住感受，让业主享受到定制化带来的美好居住体验。

现代社会的眼镜店已经不是原来的那种模式统一的店铺了。我曾经去过某家眼镜店，这家店铺以“小、清、新”作为自己的特色，主要吸引的是“90 后”“00 后”的消费者。针对目标客户人群，商家特意在眼镜店里加入新生代元素，比如在四面墙壁上贴上了很多流行的网络用语以及俏皮话，从而让店铺在目标消费者群体中更受欢迎。而另一家眼镜店，走的是高端路线，目标客户是高端写字楼里的白领们，因此这家眼镜店根据白领工作忙、时间紧的特点，提供了各类上门服务，包括上门验光、上门选镜片和镜框、送货上门、上门调整、上门维护和保养等各类服务。这些定制化上门服务深受白领顾客的喜欢，另外，这些服务起到了广而告之的宣传作用，真是一举两得。

随着人们生活水平的提高，产品和服务的大众化生产和提供已经不是唯一趋势了，成本导向也不是唯一导向，个人的独特需求成了商家关注的焦点。我在日本发现，有一类商店，在实体店受到冲击的今天，其消费群体不减反增，这就是买手店。如果说以往的商场的目的是把产品推广出去，那么买手店则是根据目标群体的独特需求，定制和展示他们的消费方案，从而赢得这部分消费群体的认同。我想买手店的成功，说明了围绕消费者需求的解决方案有着独特的魅力，也证明了定制化攻略的必要性。

我们提供给消费者的舒适感，让消费者对我们的产品和服务有了很好的感受。然而，要让消费者成为我们的忠实“粉丝”，仅仅提供舒适感还不够，还要满足他们的安心感需求，让他们在冬季安心地享受我们给予的消费体验。

第五章

消费者体验之“静心冬眠”

冬天来临了，如果下雪了，我们就会看到一个白色的世界。在低温的环境下，周围的一切都显得安静和从容。消费者渴望一种安心的享受。如果商家的服务能够让自己安心，毫无后顾之忧，那么一切将变得美好。

消费者在选择商家的时候，往往会问自己这么几个问题：

“它的宣传是真实的吗？如果是真实的，它愿不愿意做到它所宣传的？如果愿意，能不能按约定做到呢？如果能，我是否能监控过程呢？”

如果都能做到，我相信最后交付的产品或提供的服务是符合我心中预期的。这就能让消费者安心。

第一节　承诺攻略

要满足消费者心中的安心感需求，首先要实施的攻略就是承诺攻略。承诺攻略是指给予消费者合适的、必要的承诺。商家通常是通过承诺来达到推销商品或服务的目的的。所以，承诺攻略的核心就是要做出合理、必要的承诺，而非忽略承诺，甚至刻意隐瞒承诺。所有这些不当行为，都会使消费者有不良体验。

那么，哪些承诺能提升消费者的体验呢？现在市场上的大部分商品，特别是一些耐用消费品的商家往往会做出7天无理由退换货的承诺。这个举措就是给消费者一个强有力的信号，使他们在购买产品的时候能够放心。我在这里想分享一次在美国购买冰箱的经历，冰箱是在百思买（Best Buy）购买的。第一个冰箱送到以后，我发现这个冰箱比原来预留的空间大，会突出来十厘米左右，但并不影响使用。我抱着试试看的心态，给百思买打电话，希望能够进行更换。得到的答复是，可以更换，而且没有任何质疑，也不涉及退货费用。百思买甚至表示，在选购的另外一款冰箱送到前，我可以继续使用现有的冰箱。后来第二个冰箱到了，但是有点小瑕疵，有个手柄没安装上去，百思买立马同意更换一个，而且我可以一直使用第一个冰箱，直到新的冰箱到货为止。这既保障了我的使用权利，也使我获得了较好的消费体验。

我想和大家再分享一个例子。我们办公室附近有家小餐馆，墙壁上满是对其菜品的介绍。其中在醒目的位置上有这么一段话：“本餐厅保证这里所有的原料都不含任何化学添加剂，请放心食用。”我想，作为顾客，看到这样一段承诺的话，多少有了点安心的感受。

现在去那些连锁美容美发店，大家最怕的是什么？很多人说就怕店员没完没了地推销，一会儿推销什么高端项目，一会儿推销什么新服务……有时候当顾客说不办理这些项目时，服务人员马上就拉下脸来了，让顾客下不来台。这样顾客又怎么会有良好的消费体验呢？所以，如果有一家美容美发店推出以下承诺：“本店不会推销任何高端项目、服务和会员卡。”想必去这家店的顾客，没有被推销的烦恼，能够安心地消费自己喜欢的项目，让整个过程的体验得到很大的提升，这家店也会因此吸引更多的消费者。

第二节　透明攻略

有了承诺攻略还不够，要想真正让消费者安心，还得配上透明攻略。透明攻略指的是向消费者展示公开、透明的服务过程，让消费者知晓。

食品是否安全、卫生一直是顾客在选择餐厅时重点考虑的，所以很多餐厅实施了“透明厨房”（见图5－1）的措施。食客们在外面用餐，厨师们在透明的厨房里面加工食材，通过向顾客展示透明的服务过程让他们了解食品是安全、卫生的，从而感到安心。

那么，一些条件不允许的中小餐厅怎么办呢？一些餐厅在厨房安放了摄像头，让所有食客都可以通过视频看到厨房的工作流程，让食客明明白白地看到自己的食材是如何被加工的。比如，前面我所举的办公室附近的小餐馆做

图 5－1　透明厨房

出了没有任何化学添加剂的承诺的例子。在这个例子中，工作人员是如何尽量让顾客感受到透明的呢？他们把所有备好的原材料都并排放在了厨房的桌子中间，厨师们再从中选取原材料进行加工，通过窗户，能被顾客们看到。这样，顾客们至少能看到原材料的新鲜状况以及加工的过程。餐厅最大限度地展示服务的透明度，获得了顾客的信任，也提升了其消费体验。

其他行业也是如此。在建材商城，一些品牌商家会重点向消费者展示其产品的材质。他们通过样品、图片、视频等内容，通过触摸、试用等方式，把这些材质的特点很好地展示给消费者，让消费者了解到每种材质的特点和生产方式。通过透明攻略，让消费者对产品感到放心、满意。

第三节　勤沟通攻略

商家给予消费者合理的承诺，使产品信息、服务运作流程等透明化，并展示给消费者。但做到这些还不够，为了使消费者能够感受到商家所做的努力，并感到安心，商家还须运用勤沟通攻略。勤沟通攻略是指与消费者保持适当的沟通频率，同时认真听取消费者的反馈并加以采纳。这里的重点是，根据行业特性保持合理的沟通频率，既不让消费者觉得太过频繁，又不让消费者觉得不受重视；如果跟消费者进行了沟通，则一定要对消费者的反馈认真听取，重视其意见并给予回复。

在这里，我给大家举一个例子。某位消费者在商城购买了一个品牌的抽油烟机。隔天服务电话就来了，工作人员和消费者沟通安装的时间。在达成一致以后，安装人员就如约上门了。在安装过程中，工作人员也和顾客进行了良好的沟通，告知了操作方法、使用要点、注意事项，以及后续维护等内容。安装完毕三天后，公司的客服电话就跟随而来，详细询问了安装过程中的服务流程及事项等，并询问了消费者满意度。这种沟通的方式让这位消费者感受到了该品牌令人满意的服务。

还是我在美国购买冰箱的这个例子，在购买过程中，我也感受到了勤沟通的魅力。下完单后，商家百思买消费者管理系统内就有了消费者的联系方式。在送货的前一天，消费者会接到一个电话通知，这个电话通知来自商家的相关系统，告知你明天将送货上门，你可以选择接受或更改时间，商家会告诉你送货人的电话号码，同时会有一封邮件发送到你的邮箱。送货当天，送货人会先打个电话，告诉你大概到达的时间，让你有个心理准备，并做好安排。这样的沟通减少了消费者很多的不便和心理上的不适，提升了消费体验。

星巴克作为一个知名品牌，有不少值得我们学习的地方。在和顾客沟通这一点上，星巴克就做得非常好。比如，当有顾客点了一杯星巴克的摩卡咖啡要打包带走时，服务人员一定会及时提醒，说摩卡堂食最好，因为奶泡容易消失。又如，当顾客使用星巴克的会员卡时，店员一定会提醒顾客可以兑换的礼品，也会善意地提醒顾客兑换的最后期限。相比之下，航空公司针对积分卡的善意提醒可就太少了。

在顾客消费更为个性化的定制产品或服务时，勤沟通就更为重要了。比如，在美容美发店理发时，发型师会根据消费者的自身情况，来询问消费者对发型的满意程度，并且根据消费者的答复来修正发型。这就是通过及时的沟通来提升消费者的满意度，避免出现最后的结果和消费者的期望有较大差距的问题。与消费者保持良好、有效的沟通，可以大大满足消费者的消费需求，提升其购物体验。

到此为止，我向大家介绍了春夏秋冬四季里的十二种攻略。每种攻略都有其提升消费者体验的实际意义。当然具体到某个行业或某个品类，在使用中会有细微的变动。比如，在某些行业中，消费者的某些需求特别突出，因此某些攻略特别有效。那我们的十二种攻略又是如何在不同的行业中攻城略地的呢？请大家继续往下阅读。

第六章

四季锦囊之化妆品行业

四季锦囊是提升消费者体验的模型，在前面的章节中，我们已经介绍了四季锦囊中的十二种攻略，其中包括攻略的定义、重点、运用的案例等。那么四季锦囊是如何在实际项目中来帮助我们拓展思路，找到提升消费者体验的各种方法的呢？我们精选了几个行业，来看看四季锦囊的实际效用。首先是化妆品行业。

第一节　化妆品行业之现状

20 世纪 90 年代，诸多国际品牌，尤其是欧美品牌入驻本土，化妆品行业进入了一个快速发展的时期。到了 2005 年前后，又涌现出了更多的高端品牌，令本已热闹非凡的市场竞争更加激烈了。而现在的化妆品行业，随着互联网的兴起和人们视野的扩大，消费者购买化妆品的渠道更为丰富。在这样的情况下，化妆品品牌也愈加丰富：海外小众品牌、国内新研发品牌、年轻化的经典品牌，吸引年轻女孩的时尚品牌……越来越多的品牌和购买渠道使化妆品市场呈现出前所未有的繁荣，成为名副其实的红海市场。

那么如何从众多竞争对手中分得一杯羹呢？每一个品牌都使尽浑身解数力争保有自己的市场份额：清晰的品牌定位、从颜值到配方都力求差异化以锁住顾客眼球的产品、能够抓取目标消费群体的销售和媒体渠道……品牌们无一不希望在消费者体验和服务上加大自己的胜算筹码，去赢得已经非常挑剔的消费者，并在他们的心中占有一席之地。

品牌们的努力，消费者看到了吗？他们是否为自己在不同的专卖店、专柜里面的体验买单了呢？出于职业习惯，我时常会利用工作和休闲的时间在全球各地的化妆品店走走看看。下面就请随我一起来走走看看吧！

在很多城市，百货公司都是非常重要的销售场地，而百货公司的一楼，历来是化妆品的主战场，大部分品牌以专柜的形式和消费者见面。这里的美容顾问很热情。在与顾客还有几米距离的时候就开始热情、积极地招呼他们，试图把顾客拉入试妆区域，然后帮助顾客进行各种妆容的尝试；但很多时候，这只是他们的一厢情愿，没有充分考虑顾客的感受，没有考虑顾客是否愿意做相关的体验。这样的“热情”显然不太合适。还有一些美容顾问，顾客一靠近他们的专柜，还没有来得及仔细看清楚试用区域陈列的产品，他们就开始介绍起其中的某款产品了：产品的优势、产品的成分、产品的口碑等。然而产品是否适合顾客，是否匹配顾客的肌肤特点，却不在他们的介绍范围之内，这样的介绍能让顾客听下去并心动吗？恐怕大家都会绕道而走吧。

我和太太也经常到市中心的高档商场走走，时不时会遇到这样的美容顾问：看我们一眼，然后继续手头的工作，或者什么事情也不做，却不会上前来招呼我们。几次之后，我就知道，他们觉得我和太太看起来与他们心目中的消费者形象有差距，这些服务人员认为我们并不会购买他们的产品，所以他们就不会来招呼，更不用说邀请我们体验产品了。这样缺乏主动性的服务（姑且称之为服务），显然无法把逛商场的游客转化成实际消费者。

我的一位朋友跟我讲述过一次她的经历。一天，她在商场的餐厅用完午餐，想到几天后有位同事要过生日，她想为她准备一份礼物，看着时间还来得及，就来到一家知名化妆品品牌的专柜。开始的时候，美容顾问表现得非常专业：用得体的微笑和礼貌的用语，引导我朋友进入专柜，在得知她为了送礼而挑选产品时，还细心地询问了接受礼物人的肌肤情况，之后搭配了两套产品出来给我的朋友选择。到此为止，我朋友说，她真觉得小姑娘很不错，专业、耐心，态度也很好。但是，考虑到套装价格超出了自己的预算，我朋友表示要再逛逛，或者可能利用出差的机会到海外购买。美容顾问在极力挽留我朋友失败后，一改原先热情的态度，开始低着头整理起试用装和产品。这就是我们俗称的“变脸”，之前几乎可以打满分的体验直接降为不及格。用我朋友当时的话说，即使转念发现从性价比和时间成本上考虑还是他们的产品最合适，也不愿意回去购买了。因为，根据“峰终理论”，消费者有了一个非常负面的峰值体验，那么整个体验就是负面的了。即使消费者最终发现这一品牌的产品符合自己的要求，从心理上也是抗拒的。而且，“一朝被蛇咬，十年怕井绳”，接下来的好长一段时间里，恐怕这个品牌的产品也和这位消费者无缘了。

由此看来，在化妆品行业，消费者的心情能够直接影响他们的购买行为，而他们的感受就是在与工作人员的交流互动中逐渐形成的。所以化妆品行业非常需要提升消费者的购物体验。那么，具体应该怎么做呢？

第二节　化妆品行业之攻略

近几年，很多城市的闹市区新开了很多购物中心，周围的白领、金领都是潜在的消费者。通常这些消费者的消费能力都比较高，对商家的服务态度要求也比较高。所以整个商场的服务气氛就比较浓郁，服务人员也比较积极、主动。

我办公室所在的商务楼的一楼，就集中了许多高端化妆品品牌，我经常会看到：有顾客进到品牌专卖店时，美容顾问非常主动地迎接上来，还奉上茶水和小点心。在了解了顾客的肌肤状况和护理习惯后，美容顾问会取出几件产品。在征得顾客的同意后，美容顾问一边介绍产品的特点、优势，一边为顾客试用，让顾客能够真实地感受产品的使用效果。我发现，细心的美容顾问在给顾客试用前，还会先用湿纸巾擦拭自己的双手，这样贴心周到的考虑真让人觉得舒心。更让人觉得舒心的是，即使最后顾客没有购买，美容顾问还是会很耐心地询问是否有什么不周之处，并再次与顾客沟通。我观察到，当顾客站起来要走时，美容顾问会找出一份之前使用过的产品的体验装，装在一个带品牌 Logo（标识）的精致小袋子里，送到顾客手上。我就此对美容顾问和品牌产生了好感和信赖感，说实话，我不知道要购买什么产品或者送什么礼的时候，都会去这样的专柜咨询和购买。

各位，看到这里，我们不难发现，即使在强调服务质量和消费者体验的化妆品行业，依旧存在着很多与优质服务相去甚远的行为；即使在同一品牌内部，也常存在服务水平参差不齐的现象。就提升消费者体验这方面而言，有些服务人员的服务效果就比较好，另一些就比较差。但目前存在的一个问题是，那些我们认为做得不尽如人意的服务人员也感觉自己尽力了，或者觉得某些顾客非常不好说话甚至刁钻。那么事实是否真的如此呢？有没有改善的方法呢？让我们带着问题继续往下看。

以一家专业的咨询机构的角度来看这个问题，如果扫描每一个细节，我们看到，有很多可以优化的方面。我们可以在原有的许多环节上进行改善，在不经意间提升消费者的体验；还可以把握住每一次时机，不断地把消费者的体验推向新高。然而，要做好这些事，仅仅凭借经验，或者简单的头脑风暴，是远远不够的。我们必须从多维度来剖析，不放过任何一个细节。我们可以用一个模型来分析，那就是四季锦囊模型。

化妆品行业作为一个品牌众多、系列云集、产品丰富的行业，消费者的情感因素在体验满意度中会占据很大的比重。针对如何提升消费者体验这个问题，各大化妆品品牌也想了不少办法，不仅有相应的流程，还有具体的行为准则。然而在实践中，有些办法会事半功倍，有些则正好相反。那么四季锦囊模型又会实现什么效果呢？让我们一起来看一下这个模型是如何帮助我们提升消费者体验的。

比如，某化妆品品牌推出了一款彩妆新产品，在店铺里配有试用装。以往，当一位顾客想体验新产品时，通常美容顾问的做法是，邀请她坐到试妆区域，面对试妆镜，然后积极、热情地为顾客提供试用服务，其中美容顾问的微笑和目光关注，以及与顾客的互动沟通都必不可少。

在这个环节中能否运用四季锦囊攻略来提升消费体验呢？我在为某中端彩妆品牌运作项目的时候，重点考虑了四季锦囊中的赞赏攻略，经过反复推敲，最后推出了一套适合该品牌的赞赏方法：当顾客坐下之后，美容顾问应当快速观察一下她的妆容，由衷地赞美："您今天的妆化得真好，精致又不失个性，特别是颜色搭配，很衬您的气质，很有高级感。"同时递给她一面"魔镜"——全脸大小的镜子。在设计上，将魔镜做成类似于品牌 Logo 的形状，以提高识别度；镜子反面还有"魔镜魔镜我最亮，女神女神你最美"的字样。我们可以想象，手持这面"魔镜"，很多消费者都会面露微笑，更仔细地查看自己的妆容，有一部分还会向美容顾问咨询："我的妆容到下午就会有点花，你有什么解决办法吗?"这样，美容顾问就可以恰到好处地向顾客介绍产品，并帮助她们进行试用了。

也许你会问，要是顾客没有化妆怎么办？运用四季锦囊的赞赏攻略并不意味着死板地照搬话术，更重要的是掌握这个原则。例如，你还可以这样处理，由衷地说道："您今天没化妆吧，但您的肌肤纹理好细致，肤质很好啊。"也许你会接着问，不细致怎么办？肤色、眉毛……只要掌握赞赏的原则，定位到顾客值得你赞赏的方面，如着装、配饰、皮包等，我相信，你一定可以用好赞赏攻略。切记，你不是在评估好坏，而是在赞赏顾客，引起他的情感共鸣，提升他的体验好感度。

当顾客到柜台进行试妆时，大家在提升消费者体验方面，还可以运用四季锦囊中的尊重攻略。是的，如果我们可以记住第二次进店的顾客的姓氏，用他们喜欢的称呼来招呼他们，是不是一下子就能建立起有利于进一步沟通的连接呢？我们其实还可以做得更好，在和顾客沟通的过程中，推荐顾客适当的产品，并尊重他们的选择，这样能够使顾客在试妆过程中获得参与感和自主感。例如，你可以这样说："大地色系眼影上班、逛街时用都非常合适；这一款紫罗兰色系很有女性魅力，大眼效果也很好，上班时候用也不会显得突兀。您看，您先试用哪一款；或者我帮您分别试用在两只眼睛上，您对比一下效果。"试问，在这样令人心情愉悦的试妆过程中，顾客是不是很容易产生消费行为呢？

也有人提到，我们给予消费者充分的信任，能够大幅提升消费者的体验，因此有必要使用四季锦囊里的予信任攻略。例如，某品牌在彩妆试用方面给予消费者充分的信任，对于每位进到专柜的消费者，品牌的美容顾问都相信他们的试妆是出于对产品的兴趣，想要了解产品带给自己的效果。所以，我们常听到该品牌的美容顾问跟消费者说："您可以随意试用产品，或者我来帮您试用；如果您已经化了妆，我会先帮您卸妆，请您放心体验。"接着尝试邀请顾客入座进行体验。试用妆的陈列是开放式的，随手就可以拿到试用工具。美容顾问也不会在一旁监视，消费者完全没有障碍和顾虑，可以自主进柜试妆。整体陈列、美容顾问的用语和行为互相搭配，相辅相成，营造了良好的信任氛围，消费者的体验得到了提升。

还有人认为，如果能够使用人脸识别技术，识别出每个顾客，迅速在系统中显示他们的称呼、喜好、购买习惯，那不是更有意义吗？公司也可以针对每位消费者的信息，有针对地提供其喜欢的款式。以香水为例，目前商家可以根据顾客喜好为顾客提供定制化的配方，打造客人独有的香水气味。大家可以想象一下那是怎样的一种消费体验。相信如果将高科技运用到我们和消费者的互动中，那带来的效果将刷新我们现有的体验！

下面是某医学美容品牌针对皮肤测试结果而开发的仪器（见图6－1），这个仪器能根据个人皮肤的不同测试结果，为客户量身定做合适的护肤用品，是高科技与化妆品行业的一次很好结合。

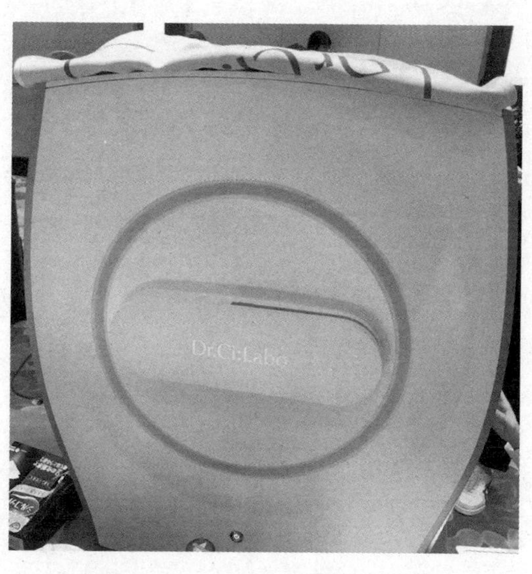

图6－1　高科技医学美容仪器

正如本章开头所述，化妆品行业品牌众多，系列繁杂，然而商家提升消费者体验的热情却从来没有消减过。所有的商家都在通过不断地改善自身的服务水平来提升消费者体验，从而赢得消费者，提高他们的忠诚度。精彩的招数在不断涌现，例如，D 品牌运用卸妆棉来提高其档次。当顾客体验完该品牌的试用装后，店员会递给顾客卸妆棉。该卸妆棉在浸湿以后，会出现美丽的花纹和该品牌的 Logo，顾客一下觉得该品牌的档次高了许多。还有些品牌用黑丝绒的托盘装着产品，店员手戴白手套，用托盘把产品端给顾客，让产品显得档次高。

再与大家分享一个最近运用四季锦囊攻略成功的项目：一线 C 品牌的消费者体验提升设计。在网络发达和粉丝经济火爆的今天，该品牌在其旗舰店专门设置了一个装修华丽的区域，用来让顾客拍照和进行网络分享，这吸引了很多喜欢分享的消费者。该商家对于不同的消费者，都会先用测试仪帮消费者做一个皮肤测试，并根据测试仪的结果向消费者推荐不同的产品。当消费者对某种产品感兴趣的时候，店员就会一路小跑前去拿试用装，还会建议消费者拍照留念。而且，每种不同的产品系列都会有不同的展示手法，店员也会运用平板电脑来向消费者展示产品知识和使用手法。如果消费者想喝水，他们就会递上一杯水，水杯上贴心地盖上印有商家 Logo 的漂亮杯盖（见图 6－2）。

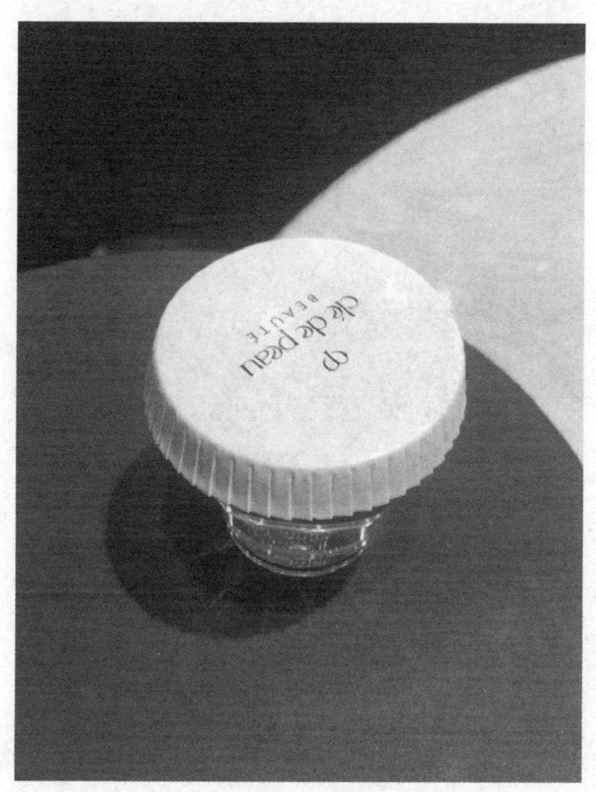

图 6－2　C 品牌为客户准备的带有杯盖的水

店员会将试用装整齐地放在一个专门定制的托盘里，托盘里的每个格子会摆放不同功效的商品（见图6-3）。

图6-3 C品牌的试用装

针对彩妆顾客，在肌肤测试后C品牌的店员会引导他们进行口红体验，这时候店员会说："您可以将您的唇印印在这张唇印卡上带走，这样回家后就可以更好地对比。"同时店员拿出唇印卡为顾客写上色号，并递给顾客。一张定制化的卡片，相信更有助于顾客记住这次口红试色体验。

此外，C品牌在提升消费者的安心感上面也下了不少功夫，在顾客同意试妆后，店员首先当着顾客的面，用清洁喷雾来清洁自己的双手；如顾客有清洁手部的需求，则用棉片取适量保湿露，先在顾客手背上打圈，然后到手指及指缝，直至全部清洁干净；如果顾客穿着长袖衣服，则用纸巾来保护顾客的衣服；在顾客面前，使用一次性酒精棉片清洁挑棒，然后使用该挑棒取面霜或按摩霜。碰到需要寄送产品的，会在寄送这些产品的时候，录制一小段视频发送给顾客。这些举措都很好地提升了顾客的安心感，同时富有仪式感，提升了品牌的档次。

C 品牌在送别顾客时，还做了些特别的功课。首先是帮助顾客拍照，从而让顾客有分享的素材；临别时会送顾客一个香囊，让顾客记住这个品牌；对于已购物的顾客，则用精美丝带简单包扎购物袋，打个蝴蝶结；对于未购物的顾客，则提供试用装，并使用精致的燕尾夹来整理；最后当顾客离开时，店员还会向其深深地鞠躬。

以上我们针对服务过程中的某几个环节，进行了如何提升消费者情感体验的相关论述，给予大家一点思路。在实际应用时，既不要受现有模式的束缚，也不要受他人案例的影响，要灵活运用四季锦囊的攻略，从不同维度挖掘提升消费者体验的实践方法，这才是正确的思路。

第七章

四季锦囊之卫浴行业

接下来，我们来看一下建材中的卫浴行业。随着生活水平的提高，人们对家庭卫浴设施的要求也越来越多样化。卫浴设施的好坏，直接影响着我们的生活质量。在卫浴行业，竞争是充分的，有科勒、高仪、美标、乐家、恒洁、箭牌、法恩莎等品牌。那么在服务方面，这些品牌存在哪些优势和不足之处呢？

第一节　卫浴行业的服务对比

我曾经为研究卫浴行业的服务水平专门拜访过某知名建材商城的卫浴品牌店铺，先来说说我的这次经历。第一家是外资知名品牌，进入大门后可以看到，服务台正对着大门，与大门有五六米远，两边都是展示的卫浴产品，中间地上摆放着马桶。几位服务人员坐在服务台后面，其中有一位注意到了我，但没有人站起来欢迎。直到我慢慢逛到靠近服务台的地方，才有位服务人员问我："先生，您想看点什么?"我回答："马桶。"这时候服务人员才开始接待我，向我介绍起马桶来。当我问"这个品牌的马桶怎么好"时，得到的答案就是两点：一是这个品牌的马桶就是好，另一个是这个款式这次打折。我略感失望地离开了这个品牌店铺。我想知道的，想感受的，都没有得到任何实质性的答复和体验，总体感受很一般。

不远处是另一家外资高档品牌，我进入了该店。应该说，该店的产品展示还是很丰富的，各种系列的卫浴产品琳琅满目，摆放得错落有致。由此推断，该店铺的陈列肯定受过公司的辅导，是按照公司的规范去执行的。可当我进入店铺后，左看看右看看，大约三分钟都没人理我，服务台只有一个店员，而她所做的唯一的事情就是盯着自己的手机看，连头都没有抬一下。难道我不像有潜力的购买者吗？没有体验，哪来购买？

紧接着我来到了一家国产卫浴领先品牌的店铺，一进门店员就热情地招呼我，询问我所关心的品类。当我表示对马桶感兴趣时，店员就非常积极地带我来到了马桶陈列面前为我介绍。她向我做了详细的产品介绍，包括如何关注材质，如何根据釉面判断产品质量，以及如何使用产品的按钮等。当我表示目前还不能马上做决定时，服务人员仍然很热情，丝毫没有不耐烦的样子，并表示如果我有什么需求随时都可以联系她们。顺便向我要了相关的联系方式，考虑到先前的热情服务，我留下了联系方式。

从以上几个实例中我们可以看到，不同卫浴品牌的店员的服务水平不尽相同：品牌强的店员服务意识不强，品牌弱的店员服务相对更主动些。但即使是较好的服务，和企业期望的样子仍有不少差距。相信每个企业或多或少都设计过服务流程，然而现实和期望有如此大的落差，问题到底出在哪里呢？又该如何去解决呢？

第二节　卫浴行业的服务攻略

我认为，现实与期望的落差来自一些综合因素。然而必须重视的是，服务指南要贴近实际，易于操作。有些看上去高大上的服务指南，在落实过程中有不少难以推行的地方，这样的服务指南是不可取的。同时我们还要注意这些行为带来的效果如何，能否让服务人员感受到服务的意义，以便更积极主动地去实行。所以，让我们来分析一下，运用四季锦囊攻略，能否筛选出让服务人员容易实施的服务引爆点。

首先，从设计上来看，四季锦囊所有的攻略，都来自一线营销和服务人员的实践，并非咨询师们臆想或猜测出来的。咨询师们更多地依靠四季锦囊攻略的宗旨，鼓励学员拓展思维，去找到实际工作中的各种可改善之处。因此，四季锦囊所挖掘出来的服务要点，都是贴近实际的。其次，在这么多的服务要点中，有些是需要优先实施的，而有些则可以暂时放一放。咨询师会从中评估出切实有效的优先方案，而且确保方案能真正落地，并能推广给所有的服务人员来实施。下面让我们来看看在卫浴行业通过四季锦囊攻略评选出来的一些服务引爆点。

在热情迎客环节中，针对四季锦囊模型中的仪式感需求，运用尊重、成方圆攻略，优选出来的服务引爆点为

“迎客姿态”。具体细分为语言、表情和动作：其中语言为“先生/女士，上/下午好！欢迎光临××专营店！您这边请”；表情一直保持微笑；肢体动作为第一鞠躬，第二左手指路半弯腰迎客。

大家可以看到，与原来公司的操作规范，迎接消费者时仅说“欢迎光临”相比，这个流程中的语言、表情、肢体动作都丰富了许多；从操作可行性来看，这本身就来自一线员工的建议，可以实施；从费效比来看，这个成本仅限于学习和培训；从效果来看，消费者的体验绝对会有较大改善。

在接下来的观察破冰环节中，运用四季锦囊中的精致、尊重、定制化等攻略优选出来的服务引爆点为“温馨饮料”，就是为客人送上解暑/驱寒的饮料。在向顾客赠送饮料的过程中服务人员的行为具体细分为语言、表情和动作。其中语言为“先生/女士，天气挺凉/热（逛街挺累的），这是咖啡、养生茶和柠檬茶，请您随意选用”；同时服务人员要保持微笑；用托盘放置三杯不同的饮料供消费者选择。

将这个服务引爆点和原先的服务进行对比，我们可以观察到，在物料准备、语言表情及行为上都有了很具体的操作要点。这些饮品现在各个店铺基本都已配备齐全，店员也都通过了相关培训，这样“温馨饮料”这个方法实施起来就不会有障碍。要知道原先在卫浴行业，消费者进门时店员是不会提供任何饮品的。后来有一家品牌要求店铺改善服务，根据建议，服务人员会在顾客光临时为他们提供一杯水。即使这样简单的要求，当初在实施时也存在着一定阻力，具体包括没有水、没有纸杯、店员不愿意、顾客不在乎等。然而当推行下去的时候，消费者体验得到了明显提升，很快其他的卫浴品牌也跟着实施起来，后来，消费者进门提供饮用水就成了卫浴行业的标配。在这个基础上，服务在不断升级，到目前为止，提供三种饮品又成了服务的一种常见形态。这些物料与话术、表情及行为的统一组合更能提升消费者的体验。

在观察破冰的环节中，运用四季锦囊的美观、予信任等攻略，我们又优选出了另外一个引爆点——“随客所愿”。顾客进入店铺以后，通常会表示想随便看看，并不希望工作人员紧随其后。以往有些员工不死心，总要跟着在后面唠叨；或者真的不管不顾，让顾客随便看看。以上不管哪种方式，总不能令顾客感到称心如意。那么通过四季锦囊最后落实的服务引爆点是什么呢？首先是语言：“好的。先生/女士，左边是××产品区域，右侧主要有××产品，一直走到里面您会看到××产品。您请随意”；保持微笑；左右手（手臂张开、五指并拢、手掌微微弯曲）分别为顾客指明方向。这样既不会让顾客感到厌烦和有压力，也不会让他们有被忽视的感觉，顾客的购物体验就能得到明显提升。此外，商家还需要在物料陈列方面再做些改进。比如，设置与已成交消费者的合影留念墙；在电视里播放生产流程、产品产地；将宣传单做成各式各样的形状以吸引顾客眼球等。这些改善措施都来自一线员工，并不需要投入多大成本，商家可以选择最合适的几项来实施，效果往往会事半功倍。

下面让我们接着看卫浴行业运用四季锦囊的成功案例。我们团队中的一位老师，曾因培训安排提前一天抵达长沙，在下榻酒店安置妥当后，依着自己的老习惯围着酒店方圆一公里步行。途中遇见了一家新开张的R品牌卫浴专卖店，觉得眼前一亮：新店开张光彩夺目，迎宾的一位帅哥和一位美女也夺人眼球。R品牌的产品设计是业内翘楚，对员工的外形设计也很花心思。俊男靓女的身高衣着非常般配，帅哥的西服颜色与美女的裙装相得益彰；帅哥的脸型及修饰与美女的发型及妆容让人看了心旷神怡。往里走，门厅摆放着智能马桶，在精心布置的灯光的照射下熠熠生辉，吸引着众人；店内那张超长的胡桃木桌子引发了老师的关注，它很好地引导着顾客环视错落有致的各式新品；更有意思的是，花洒被搭成了一个“心”形，一股暖流顿时涌向每个顾客的心头。这些就是美观给顾客带来的愉快体验。

当老师细细查看这张胡桃木长桌时，发现它是整块木板做成的台面，而不是数块拼接的。桌上放置有水果、糖、巧克力等，似乎是专门丈量后定位的，因为无论顾客坐在哪个位置，伸手一定能拿到；桌子的四角包有厚实的同色丝绒布，防止撞伤不留意的顾客；桌面下面有精巧的挂钩（见图 7－1），以方便顾客放置随身的背包。从这些细节中可以看出，店家是用心设计的，这便是精致攻略在具体实践中的体现。

正逢一波顾客接待高峰，职业习惯使然，这位老师便留意导购们的接待方法。见顾客走近，没在接待顾客的导购便会主动迎接。他注意到了该门店导购们接待方式的与众不同之处。首先，他们不像我们一般见到的导购那样空

图 7－1　桌子下精巧的挂钩

着手迎接顾客，而是手里都拿着“三件宝”。这三件宝分别是笔、笔记本以及一份产品宣传折页（里面夹着导购的名片）。其次，他们在问候顾客时就双手递上自己的名片（这个动作表示对顾客的尊敬），同时做自我介绍，顺便也询问顾客姓氏，整个过程一气呵成，显得非常自然。再次，他们会记录顾客所提的问题或对产品的疑问，以示对顾客的重视。最后，对表示随意看看的顾客，他们会及时递上产品宣传折页和笔，以便顾客记录有用的信息，并向顾客表示需要时可以随时找他们。这家店的顾客接待方式虽然与其他门店不同，但是他们的行为则是每位导购都应该做到的，这就是成方圆。

大家知道卫浴行业最新的消费者体验提升的做法吗？这一做法来自某国产卫浴品牌，这家企业在店铺安排了设计师。每当消费者对其产品表示出兴趣后，就由设计师提出建议，表示可以免费上门测量，帮助业主来具体规划，提高卫浴的便利性和舒适度。从业主角度来说，有一个定制化的方案，比后期漫无目的地寻找适合的卫浴更能够省心省力。而且事先的介入，能够更好地规划布置，达到更好的使用效果。效果相信大家都能预测到，参与免费设计的消费者是后期采购中忠诚度最高的。

卫浴行业在提升消费者体验的各个环节都有不少服务引爆点，在这里无法一一阐述。值得大家关注的是，在每一个小小的细节中，都可以有不少的改进点。四季锦囊提出的每一个改进点，都是来自一线员工的建议，不会脱离实际，具有较强的可操作性。而针对每个引爆点，我们都认真考虑了投入和产出的关系，商家可以选择费效比高的优先实施。一个与现实相匹配的措施，可以让落地变得容易很多。最后，要强调的是，目标无须常变，方法则需要随着时间的推移而不断优化。

第八章

四季锦囊之酒店行业

酒店行业应该是我们每一位消费者都有所了解，但又不完全熟悉的行业。这么说的原因是酒店行业各种品牌及档次应有尽有。消费者可能会比较熟悉某个品牌或者某个档次的酒店，但不可能了解所有档次的酒店。每个人其实都是各种品牌、各种档次酒店的潜在消费者。在这个强调消费者体验，同时又竞争激烈的行业中，各个酒店是如何“八仙过海——各显神通”的呢？现在，我就和大家一起回顾一下，在酒店住宿过程中那些记忆深刻的经历。

第一节　酒店行业之服务攻略

我曾经在一个中小城市的酒店住过比较长的一段时间。

这家酒店以服务为先，在当地还是挺有名气的。每次步入酒店时，总有服务生等在门口，并把我送到电梯口。等我到达酒店房间时，总有香味飘荡在我的房间，床上还洒了花瓣。当我把视线转到桌子上时，会发现已经准备好了几样点心和水果供我享用。在床头柜上，放着一份手写的信，上书："先生/小姐，您好！我是您的服务管家……"这一切的细节，让我的体验感受很好，也让我对他们的服务印象深刻。

我也曾入住一家五星级酒店，但体验不是太好。这家酒店地理位置略偏，价格偏低，平时会接待很多团队客人。本来我对这家酒店的服务期望就没有太高。然而退房时的遭遇，还是令我感受深刻。由于当时我们是作为一个商务团队一起入住的，退房的时候，大家是统一行动的，而且每位成员都需要开具相关的发票。这时候就出现了十几个人排队等候结账的状况。自始至终，前台就只有两名工作人员在工作，没有招呼其他人过来帮忙。因此，整个结账过程持续了20 ~30 分钟，耽误了我们的出发时间。在整个过程中，酒店方面没有任何人提供任何的帮助，工作人员也没有采取任何有效的措施来加快结账进程。这次结账体验让我对该酒店的好感度降低了不少。

酒店强调服务为先，让我们尝试用四季锦囊的快速攻略，来增加酒店住客的舒适感。首先，如果客人是坐出租车到达酒店，而且带着行李的话，一定非常希望行李车就停放在酒店门口，以便能够迅速地把出租车上的行李放置在行李车上，而不是下车后再通知礼宾部的人把行李车从里面推出来。因此让行李车时刻在最佳位置待命，在最短的时间内把服务提供给需要的客人，是快速攻略能增加客人舒适感的一个方法。

其次，简化入住手续。如果是有预订的客人，特别是曾经入住过的客人，其相关信息应该都有登记，那么一些准备工作就可以提前完成，比如准备好入住信息单等，使客人入住登记的时间，特别是老客人的入住登记时间能够最大限度地节约下来。比如，用“刷身份证 + 网上授权”的快速入住方式，一定能很好地提升客人的体验。我曾经有一次比较晚到酒店，到前台的时候，前台已经把我入住的信息单打印出来了，并且表示他们一直在等待我的到来。这种快速的入住服务和被尊重的感觉，让我瞬间就加深了对该酒店的印象。所以，服务细节的改善能带来消费者体验的提升。

最后，简化退房手续。现在很多酒店推行退卡即走的退房模式，这缩短了退房的时间，以及极大简化了办理查房、结算个人消费的烦琐流程。这种酒店退房模式的推出，既达到了快速的目的，也提供了便捷的服务。用询问客人是否有房间消费来替代查房检查，是信任客人的表现。这个解决方案结合了快速、予信任等几个攻略，自然就能提升消费者体验。但是现在酒店的退房服务仍存在很多问题。比如，客人在退房时，开发票的时间明显占据了其等候的主要时间，一般来说很多酒店都会让消费者等待比较长的时间，加上国家对税务发票的严格要求，整个开发票的核对过程也显得繁杂，难免会让客人感到不耐烦。如果酒店能提供相关二维码，让住客在合适的时间通过扫描二维码把开票信息传到酒店系统，在结账时候就可以缩短开票的等待时间。同样，现阶段酒店给客人准备的服务指南的利用率不高，如果酒店把其服务、出行、周边等信息上传到网络，只要住客一扫相关二维码就可以了解信息并使用的话，不但会给客人带来很多方便，酒店服务指南的利用率也可以大大提高。这些便捷措施能够很大程度上提升消费者的体验。

我们再来看看定制化攻略。针对不同消费者的不同需求，中高端酒店完全有能力提供差异化的服务。首先是针对老顾客，系统中应该记录老顾客的各种偏好；当老顾客入住时，前台的一句话，例如，“我们酒店知道您喜欢安静，所以给您安排了靠里面的房间”，就能提升顾客的体验。此外，如就餐、健身、娱乐等，酒店都可以根据顾客喜好安排，这就是定制化，让客人专享老顾客的待遇，让其可以获得被尊重、被重视的感觉。

其次，通过询问顾客喜好来给予不同服务也是非常重要的一种方法。目前，有些酒店在条件允许的情况下，已经提供了多种选择，比如，房间里既有淋浴设备也有浴缸，这就满足了不同顾客的不同需求。但是相比单纯增加可选择的设备来说，询问顾客的喜好，给予定制化的服务性价比更高。比如结账的时候，可以为顾客提供多种付款方式。如果有些客人不愿被耽误，他可以授权酒店在退房后再进行扣款，相关发票随后再寄送。最后是客房的专属管家服务，可以为顾客提供多种定制化物品，比如不同的浴巾，不同的小礼物，定制的饮品等。让顾客享受定制化的服务，就能化平凡为神奇，大幅度提升顾客的体验。

酒店的上述攻略，瞄准的都是消费者的舒适感，让他们在酒店的体验更加舒适。我们运用快速、予信任、定制化的攻略，在合理的成本下，大幅度改善客人的体验，这难道不是每一个酒店管理者的目标吗？我相信，四季锦囊里还有很多方法可以用来完善酒店的服务，提升住客的体验。让我们随着四季锦囊的步伐，再次深入下去，去领略其他攻略的魅力吧！

第二节　酒店行业之案例分享

酒店行业是个服务行业，消费者体验尤为重要，让我们看看酒店行业为提升消费者体验而使用的各种攻略吧。

这是我在日本箱根温泉酒店拍的一张照片（见图8－1），是在酒店大堂里朝向门外拍的。面前是玻璃通透，外面是山景。两块黑色的部分是移动门，它们会随着客人的走进走出，自动打开和关上。近处是插花，在灯光的照耀下，插花给人温暖、舒适的感觉。当酒店门打开的时候，插花和外面的山景交相辉映；当酒店门关起来的时候，酒店的大门就成为插花的背景，更加突出了插花的美丽。当客人从酒店外面往里面走的时候，刚才还是一路山景，门一打开，看见了一个人造的景观，会觉得特别温馨。这个美丽的插花是在提醒客人，现在进入室内了，欢迎您的到来。

图 8－1　箱根温泉酒店一角

我注意到这样一种现象：在办理入住手续的时候，通常是一家人中的一个人去办理，剩下的人就在酒店里闲逛。

大家都会拍这个插花，都觉得它特别美。这个酒店摆放插花就是应用了典型的美观攻略，我相信这个酒店一定花费了不少心思。这插花既美观又精致。为什么说它精致呢？因为无论从酒店内外的哪一个角度观看，它都会给人们带来很好的感受，一看就是经过精心布置的。这个简简单单却充满巧思的插花体现了美观和精致两个攻略。

日本的另一家酒店则将精致攻略运用到下水管的设计上（见图8－2）。图片中是屋檐的滴水通道，酒店没有把它做成一个很难看的下水管道，而是用铁环相接的通道代替传统的下水管道，让水在滴落的过程中变得很有趣，让住客对此产生浓厚的兴趣。这就是精致攻略。

我还有一次很深刻的体验是从苏州的兰博基尼酒店获得的。大家都知道苏州的早点非常有特色，而小馄饨又是特色中的特色。所以在吃早餐时特意点了一碗小馄饨，但是等这碗小馄饨端上来的时候，我感到无比失望。因为小馄饨黏在了一起，品相很不好。当我把它们分开的时候，发现里面的肉竟然没熟。因为这份小馄饨与酒店所倡导的消费者体验差距特别大，我想表示一下不满，也想帮助他们改善。我就向餐厅经理展示了这份小馄饨。餐厅经理二

图 8－2　精致的屋檐滴水通道

话不说，就另外做了一碗小馄饨给我，当然质量比上一份好了很多。他还问我要不要加一些调料等，让我觉得很温馨。等我用完早餐准备离开的时候，发现他们的营运总监站在旁边。原来她一直等在旁边，特地跟我说一声对不起，为此她还特地送了我一瓶红酒，希望我能够原谅他们，然后告诉我他们公司是特别注重消费者的体验的。我本来以为这件事到此就结束了，没想到在退房的时候，这位营运总监再次出现，递给我一张名片，希望我以后有相关的订房需求，可以直接找她，她可以给我打折，并再次道歉，问我对酒店的服务还有什么建议。这样的整个过程让我感觉特别好，我下次还会去住这个酒店，我觉得这家酒店对消费者的反馈特别重视，体现了尊重攻略，而能做到上述行为的酒店，相信消费者体验一定不会差。

作为一个经常入住酒店的培训师，我觉得酒店最重要的是做到在两个节点的快速，第一个是入住的快速，第二个是退房的快速。那么如何实现入住的快速呢？我曾经在加州圣地亚哥的万豪酒店看到这样一个 App。在这个 App 上客人可以预订房间，并可以备注一些特殊需求，比如备注不住尾房，或不住十三、十四楼。但是美中不足的是使用这个 App 预订后还得在前台办入住登记手续。这可能是因为酒店需要验证客人的证件。但是随着科技的进步，验证证件这一步完全可以在网上实现操作。这个酒店是不是也可以通过这种技术，让客人在手机上操作妥当后，直接入住，这多方便呀！关于快速退房，我觉得目前的酒店业还是做得不错的，因为很多酒店已经免去去前台办理退房手续的流程了，客人可以直接离开。

不过大家想过没有，在快速退房时如何提升消费者体验呢？根据峰终理论，结束阶段也是体验的关键时刻。所以，如果我退房的时候，酒店能够报出我的名字，并欢迎我下次再来，我觉得我像是贵宾，如果说又给我一瓶饮料让我在回去的路上喝，我觉得体验会迅速变好。下次来的时候，我将会优先考虑订这个酒店的房间。

我们再来看看便捷的服务吧，洛杉矶酒店有一个机器人。这个机器人是负责为客人带路的，客人要去哪里，就可以直接点上面的界面，然后它就会带客人去他想去的地方。虽然在美观方面，这款机器人还不是很到位，但是在便捷方面已经很好了。机器人里设置了各国的语言，这样就可以方便全球各地的顾客使用，不用再去做翻译。这一点是非常便捷的。

然后请大家再看图 8 -3，它是一个行李生机器人，客人把东西放在里面，它就会把行李送到客人指定的地方，客人就不用再邀请行李生帮忙推行李箱了。在美国雇用行李生是需要给小费的。这件事大家都觉得比较难办，因为数额比较难拿捏。如果客人直接用这个机器人，就不会有那么多顾虑了。

图 8－3　行李生机器人

我们来聊聊酒店的定制化。我个人觉得酒店的定制化应该是可以做得很好的。一位客人在酒店中会充分展现自己的生活习惯，其中蕴含着很多信息，这些数据是很多机构无法获得的，然而酒店却不能很好地利用这些数据。酒店在互联网大数据的运用上是比较落后的。让我们来做个简单的比较，大家都知道今日头条，只要你在上面搜过什么，今日头条就会记住，并将相关内容推送给你，其实今日头条就是通过数据分析你，了解你，从而推送你可能喜欢的内容。但酒店在这方面做得就不能令人满意了，如果客人在房间里把果盘里面的苹果吃了，但是完全没有吃香蕉，下一次我相信酒店还是会把有香蕉的果盘放在这位客人的房间里，酒店似乎并不在意客人到底喜欢什么。再比方说，酒店赠送的一次性用品客人并不会全部都使用。可能客人不喜欢用酒店的沐浴露，每次都会用自己带来的，那么就不需要再给这些客人提供沐浴露；相反，如果有客人每次都使用酒店的剃须刀，那是不是可以给这些客人多准备几把剃须刀呢？如果能够注意到这样的一些生活细节，定制化就非常有效。又比如，酒店能够把让客人选择枕头这件事，变成主动为客人提供他们喜欢的枕头，同时告诉客人："这是酒店根据您的喜好，专门给您准备的枕头，如果您有什么调整，告诉我们就好，我们会即时调整。"相信客人的感觉一定会非常好。这种专业的服务才叫定制化服务，而定制化跟科技有很大的关系，因为酒店一定要知道客人是谁，喜欢什么，爱好是什么等。目前我还没有体验到这么好的酒店，但我相信这一定会是未来的酒店的追求。

分享了上述这些案例，大家感受怎么样？如果有如此好的体验的酒店，是不是想多去住几次呢？

第九章

四季锦囊之餐饮行业

餐饮行业是我们在日常生活中最容易接触到的一个行业，也是很讲究现场体验的一个行业。通常来说，餐饮行业中的食物、餐具、服务都在消费者用餐的一段时间内体验完毕。在这个体验为先的行业中，相信各位都有很多不同的自身经历，让我们来看看那些令人印象深刻的服务吧。

第一节　餐饮行业中的优质体验

说起餐饮行业的体验，总有一家餐厅是绕不开的，那就是海底捞。因为这家餐厅以极致体验为卖点，那么大家都享受到了什么样的服务呢？让我们开始慢慢分析。首先，去海底捞就餐时，通常先是等位。等位本来是一个让人略感不适的消费体验，但顾客在海底捞等位时并不会感到不耐烦。这是为什么呢？因为等位的时候，餐厅为客人们准备了免费的小吃、水果和饮料茶水，而且还有专门的等位区域，大大提升了客人等位时的舒适度。除此之外，餐厅还提供了按摩、美甲等服务。在用餐过程中，顾客能够享受到专属管家服务，真正获得“顾客是上帝”的感受。

当然也有其他一些与海底捞相反的餐厅令消费者产生很不好的消费体验。比如说，有时在我们点了活蹦乱跳的一条鱼以后，送到餐桌的却是另一条已经不太新鲜的鱼，这种以次充好的把戏，一般人如果没有特别留意，还真不好发现。但餐厅的这种不诚信的行为已经严重损害了自身的信誉度。当然，还有一些餐厅，在高峰期间没有能够满足顾客需求的上菜能力，一次次的等待让顾客耗尽了耐心，也无法使顾客得到良好的消费体验。至于那些“青岛大虾”“天价野生鱼”，损害的恐怕就不只是饭店的声誉了，还有一方水土养育的那一片人。

餐饮行业想要在竞争中脱颖而出，提升顾客体验是必经之道。我们首先来谈谈餐饮行业如何使顾客安心，从而获得顾客的满意。顾客外出用餐时，其中一个主要的需求就是吃得放心、消费得安心。我曾经路过办公室附近的一个主营木桶饭的小店。小店不大，进去以后能看到对木桶饭的介绍，其中一面墙上用黑体字写了下面一段话："本店郑重承诺，所有的菜品都不放任何添加剂。"我想类似规模的小店很多，但真正愿意做出承诺并付诸实践的店铺，并不多。这家店铺很好地运用了承诺的攻略，向消费者做出承诺，让消费者吃得安心，使消费体验得到提升。而很多店铺就不肯做承诺，一方面觉得可以钻空子，另一方面想给自己留有余地。不管是哪个因素，餐厅不愿做出承诺并兑现承诺，就使得消费者的安心感得不到保障，自然就减弱了消费者的消费欲望。

除了使消费者吃得安心，餐厅还要为消费者提供一种仪式感。想必大家都体验过一种餐饮模式——铁板烧，铁板烧的师傅在你面前挥舞着他的工具，把很多备好的食材烹饪成可口的美食。一方面，铁板烧师傅每次都样板化地进行烹饪，其实是一种基本固定的流程，也就是运用四季锦囊成方圆的攻略，给每位消费者以仪式感的体验；另一方面，在客人的注视下，铁板烧师傅如何选食材，如何加料，都明明白白地呈现出来。这就是四季锦囊中的透明攻略，让我们的消费者能够安心，从而更加放心地享受我们的食物。

其实很多现代餐饮企业都运用了这个透明攻略。在某五星级酒店的餐厅里，我能看到一个全透明、敞开式的厨房（见图9－1），所有的大厨都在大家的眼皮底下进行操作，接受消费者的监督。这种做法，既避免了以往前台干净、后厨脏乱的局面，也让加工的程序暴露在最有监督意愿的消费者面前。从这个角度来看，透明攻略既提升了消费者体验，也帮助餐饮企业改善了卫生状况，规范了流程。一举多得，非常有效。

那么，那些小餐饮企业应该怎么做呢？虽然它们没有条件提供敞开式的厨房，但如果采用透明攻略，仍有很多可操作的模式。在上海的一些连锁传统小吃店里，我们可以看到，大堂里放了些电视，屏幕里展现的不是电视节目，而是这家餐厅的后厨。通过电视屏幕，客人可以清晰地看到后厨操作的即时画面。餐厅采用了透明攻略，通过电视直播的手段，把后厨的情况展现给消费者，让消费者安心。那么更小的餐厅该怎么办呢？我看到的情况就是，有的餐厅把大堂与后厨之间的隔断改用透明玻璃，中间是可以开

图 9－1　某五星级酒店的厨房

启的小窗；或者中间完全没有阻隔，让在大堂用餐的客人可以一眼看到后厨的大部分地方。这些不同的方法，都是运用透明攻略的实践操作。

要想使得我们的消费者安心，还有一个重要的攻略，就是勤沟通。我们办公室旁边有一家小店，中午经常提供一些盖浇饭、炒饭等简餐。这家店比旁边的几家店的生意都好。除了菜品用料讲究、价格实惠，老板娘优秀的沟通能力也是这家店生意好的重要原因。每次点完单以后，不管客人提没提，老板娘总是习惯性地问客人“要不要辣”，并尽量根据客人口味，在菜品口感上做一些微调。如果客人觉得口味偏淡，她就会提供自制的腌制剁椒等小菜给客人调口味。老板娘这种跟客人多沟通的做法，让客人觉得更舒服，她家的生意自然会比别人家的好一些。

勤沟通在餐饮业很常见。我曾经去到一家新餐厅，拿着菜单准备点菜。在合适的时机，服务员主动开始沟通：“先生，您今天八位的话，这样的菜量基本差不多了，想要丰盛一点的话您可以再点一两个菜。”服务员的这种从顾客角度出发的沟通，让我感觉很棒。同时她也会主动问：“马上上热菜呢，还是过一会儿一起上?”在服务过程中，服务员密切关注客人的举动，很多时候看见客人的一个眼神或动作，他们就知道该做什么事情。在客人用餐结束的时候，也会看客人的情况，询问客人的反馈意见，并认真记录。这里的餐厅服务员很好地运用了勤沟通的攻略，让客人得到了非常棒的体验。要注意的是，这里的沟通并非只是简单对话，而是通过不断地交流，让信息得到传递和反馈。

这章只大致描述了餐饮行业在提升消费者体验方面运用的三个攻略。想要成为一家领先的餐饮企业，重视服务并提升顾客体验是一条必经之路。其实运用四季锦囊，我们还能从很多方面和角度，挖掘出更多有效的方法。无论使用什么样的方法，目标只有一个——提升消费者体验，让他们把在餐厅用餐的经历分享出去，从而吸引更多顾客。

第二节　餐饮行业中的“哇、晒”

消费者体验在餐饮行业究竟有多重要，相信我们每个人都非常清楚。凡是生意火爆的餐馆，都会给“吃货”留下深刻的印象。如果让一个人说出为什么某家餐厅值得推荐，他可能会说因为菜不错，但是他很难说出菜不错在哪里。然而，他能够跟你说一大堆自己的体验。

朋友张师傅原来是上海建工锦江的行政总厨，因为多次在中国烹饪大赛上拿奖而在业内小有名气。因为张师傅多次拿奖都和鮰鱼的烹制有关，所以人们送他绰号“鮰鱼王”。张师傅也是上海某烹饪学校的客座讲师。由于建工锦江的股权变化，张师傅离开了建工锦江，和人合伙开了一家小饭馆，饭馆不大，大约有80多个座位。我猜想当时这样的设计有“讨彩头”的意思。这家装修并不算豪华的饭馆，在宛平路上，虽然并不靠近商圈，却也每日达到八成以上的上座率，周末的时候通常还要排队。饭馆的价格并没有优势，张师傅的饭馆是偏高端的，如果不加控制，人均超过150元也是很正常的事情。

那张师傅的饭馆为什么能够保持高人气呢？是不是因为张师傅的鮰鱼帮他吸引了无数的“粉丝”？关于这点，张师傅有一些无奈。如今的食客，和以前的食客完全不一样了，以前的食客懂得如何去品味一道好菜。他们不仅是吃得起的人，同时也是有时间的人，是会吃的人。因为生活节奏的加快，现在“富”起来的大众，他们也许吃得起各种五星级餐厅，但是他们大多没有时间去细细品尝这些美味。张师傅举了个例子，有一次他们请了一批目标顾客进行测试，用不同的烹饪方法做同一道菜，然后请顾客们进行品尝、打分。令人惊讶的是，五星级餐厅的厨师和普通厨师在味道上的得分竟然差不多，顾客只觉得他们的菜在摆盆、色泽等方面有明显差距。

基于这些经验，张师傅的饭馆在顾客体验上下了一番功夫。首先，张师傅采用明档，比如，一道油炸土豆丝配牛肉，张师傅常常亲自演示如何将一颗平平常常的土豆切成一堆像头发丝一样的土豆丝的过程：先把土豆切成薄片，再切成细丝，用漏勺将切好的土豆丝盛好，放在水中冲洗，以免下锅后被炸黑，最后用漏勺放入滚烫的油锅炸，约 30 秒后就可以看到像头发丝一样的土豆丝了。炸完了土豆丝，张师傅总不忘记给围观的食客们品尝一下刚炸好的土豆丝。食客们一边惊叹，一边忍不住去品尝。有了这样一个过程，不仅张师傅的土豆丝配牛肉卖得特别好，其他菜也比同类饭馆卖得好。

大家已经看出来张师傅是如何吸引、留住顾客的了吧。我们一起来总结一下。张师傅的这一招完美地诠释了四季锦囊中的仪式感在消费体验中的形式和表现。首先要说的是成方圆。一颗再平凡不过的土豆，在张师傅的手中，从切片开始就已经不是简单的土豆了，它更像是一件艺术品。张师傅充分展示了切片流程的相关步骤，先“整形”，然后一片一片地切，均匀地走刀，切下来的土豆片厚薄均匀……

其次要说的是精致。一颗普通的土豆，经过“整形”，去掉坑坑洼洼的地方，变成了一个白白方方的土豆，无论是切片，还是切丝，都能展示大师精湛的技艺。最后谁能想象，土豆丝炸出来以后竟然如头发丝一般？通过摆盘，土豆丝配上黑椒牛肉粒，相得益彰。也许土豆丝在整个配菜中所占成本是极低的，然而，给顾客带来的体验却是非凡的，相信很多顾客在观看切土豆丝的过程中都在脑补这道菜，想象着牛肉的精致和美味。这道菜会成为招牌菜也就不足为奇了。

最后要说的是美观。现在许多餐馆都在比拼装修，好的装修确实也能给食客带来好的体验。同时，他们会认为到这样的地方吃饭菜贵一些可以理解。然而，食客多付的钱并没有促进餐馆提升服务，实际上只是为与菜品并没有必然联系的豪华装修支付了多余的钱。用这样的方法营造的美观，过去确实能吸引更多的顾客，但是随着大家都采用类似的方法来提升自己的“档次”，这种方法的投资回报已经趋向于负值了。所以，张师傅通过一道精致的土豆丝配牛肉的制作，使得顾客产生美的联想。这样的做法，成本低不说，而且和食客的消费是紧密相连的，可谓一箭双雕。

从刚才的案例中不难看出，好的消费体验，不仅能给顾客带来良好的感觉，也能给顾客带来无穷无尽的遐想。好的消费体验，让顾客把消费活动和人生中美好的东西联系在一起；同样，不好的消费体验会让顾客把消费活动和自己人生不好的体验结合在一起。中国人的生活压力普遍比较大，不好的消费体验更容易让消费者产生负面联想。所以，让顾客产生美好的联想，是我们设法提升消费者体验时不能忘记的初衷。

餐饮行业的竞争无时无刻不在进行着：你不断推陈出新，我就不断提升服务；你改善口味和提供更多的选择，我就讲究整洁和干净……真是你方唱罢我登台。

每种方式都很容易被拷贝，你推得快，别人学得也快。所以，光学几个现成的办法是没有用的，只有掌握四季锦囊的攻略，从这些角度出发，不断创新和突破，使得自己客户的体验总是比别家的好，这样才能取得真正的成功。

第十章

四季锦囊的合作模式与创新机制

四季锦囊是针对企业提升消费者体验而量身定做的。从出发点来看，是企业需要提升消费者体验，从而提高消费者忠诚度，在市场营销中取胜，使产品和服务进一步得以优化，最终为社会创造更多价值。从方法论上来看，是运用四季锦囊模型，从不同维度出发，运用相应的攻略，最后在合适的时间，选择合适的地点，组织合适的人员，运用合适的方法，取得最好的效果。从最终结果来看，是凭借体验的提升给企业带来更多的回报。

案例分享可以拓宽我们的思路，但不一定能够马上提供给我们适用的方法。而用攻略制订出来的方案，也需要选取在现阶段最合适的。这就说明，实际的应用方案需要不断地改善，我们需要做的是理解四季锦囊的四个方面，将其作为改善目标；掌握十二个攻略，将其作为方法论；制订改善措施，在实践中优化和提升；不断改进，最终使消费者体验得以提升！

四季锦囊案例已经在消费者众多且强调体验的行业中获得了认可。化妆品、卫浴、酒店、餐饮行业，正是四季锦囊接受度较高的几个行业。在一些受新零售冲击，又特别强调消费体验的行业，四季锦囊攻略能够给它们带来不少的灵感。很多四季锦囊课程提供的解决方案，已经出现在了实际销售中，并且赢得了客户的认可。在商业竞争以消费者体验为重要指标的行业，四季锦囊能够给它们带来实际的解决方案，产生真正的价值。

第一节　四季锦囊的合作模式

四季锦囊的特色，决定了其合作模式不可能是简单的课堂学习。四季锦囊更加重视学员的参与，更多地使用工作坊的形式，从而使所有的解决方案都有很好的落地效果。

因此，一个完整的四季锦囊合作模式可以分为四个阶段，分别是理解阶段、调研阶段、分析阶段和整合阶段。

理解阶段：在这个阶段，主要目标是了解四季锦囊模型及其攻略，有效地学会使用模型中的方法，拓宽自身的思路，为下一阶段奠定基础。

调研阶段：这个阶段的主要目标是观察本行业、相近行业、其他领先行业的先进方法，从中汲取精华，为下一阶段准备好相应的素材。

分析阶段：这个阶段的主要目标就是在之前的基础上，分析每个素材对公司的利弊，以及好的素材的转化，最终得出有效的解决方案。

整合阶段：在综合各项因素的基础上，整合出对企业有利的可实施方案来。

四季锦囊合作模式带给企业的价值，不仅能提升新零售下的消费者体验，更能培养团队的思维能力、调研分析能力和整合落地能力，从而聚焦改善消费者体验，实现企业可持续发展。

第二节 四季锦囊的探索模式和创新机制

与其说四季锦囊是一个锦囊妙计，不如说是一种思维方式，一个工作方法，一种逻辑思维能力。从这个角度来说，四季锦囊的探索模式和创新机制很值得我们深入思考。

首先，四季锦囊从了解消费者心理入手，要求经营管理者和一线的营销服务人员去观察和探索先进的体验模式，实现体验模式的与时俱进、攻略的有效落地。积极地观察和思考，既能开阔眼界和拓展思路，又有助于加强提炼能力，这些都让管理者和营销服务人员具备更强的探索能力。可以说，今天有效的方案，明天可能就过期了，而四季锦囊能维持其强大的生命力，归功于它的探索模式。

其次，四季锦囊在探索先进经验的同时，也实现了解决方案的不断创新。可以说，四季锦囊最后带来的解决方案，既来源于现实经验，又高于这些经验。四季锦囊的核心是以现有经验为基础，不断创新解决方案，给企业提供可落地的、不断更新的有效措施。

可见，探索模式和创新机制是四季锦囊强大生命力的有效保障！

后　记

四季锦囊的推出，解决了我们作为咨询公司一直面临的难题。随着中国经济的发展，企业，特别是先进的企业，对创新的要求在不断提高。如果说十年以前，一场基于流程并结合技能的培训能够给企业带来显著收益的话，十年以后的今天，企业的需求已经转变为以下两个重点：一个是要有创新的方法，另一个就是方法能落地。

要满足企业的这两个需求还是很有挑战性的。一个成熟的方法或流程，必须是经过时间检验的，这就往往导致方法或流程有一定的滞后性。真正的解决方案，必须以企业为蓝本设计，而这需要以实地调研为基础，因此二者能否有效结合也成了大问题。

四季锦囊的推出，有效解决了上述问题。首先，它的大多数方案来自先进模式，或是创新思维；其次，这些方案大多数来自一线，具备很强的可执行性。所以，最终的结果为企业所接受也就理所当然了。

作为咨询公司，我们希望能够提供很好的方法给企业创造更多价值。自我们推出四季锦囊攻略以来，已经有顶级的化妆品公司、卫浴公司、橱柜公司、奢侈品珠宝公司使用了该攻略。我们提供的提升消费者体验的解决方案，多数被有效落实和执行，并取得了较好的反馈。能帮助企业真正解决问题的方案才是好方案，四季锦囊正是我们多年来一直追寻的夜空中的最亮的那颗星。

附　录

更多文中涉及的图片和视频可扫下列二维码查看。

漂亮的酒店装饰　摆放整齐的铁板烧　一杯下午咖啡　精致的寿司

桌子下的挂钩　某五星级酒店的厨房　精致的屋檐滴水通道　C 品牌的试用装

“辣府” 火锅店精致的筷子　艺术插花　精心打理后的瑜伽馆(1)　精心打理后的瑜伽馆（2）

化妆品的精美展示

C 品牌为客户准备的带有杯盖的水

“甬府”餐厅的卤豆腐

整齐的货架

刷手机示意

亚马逊无人超市的门口

透明厨房

精致的货物

仪式
美 观 · 精 致 · 成方圆

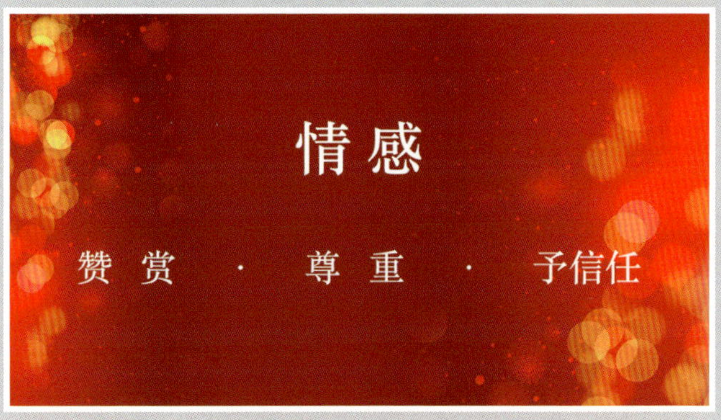
情感
赞 赏 · 尊 重 · 予信任

舒适
快 速 · 便 捷 · 定制化

安心
承 诺 · 透 明 · 勤沟通

作品登记证书

登 记 号：沪作登字-2018-A-01002007

作品/制品名称：消费者体验模型-四季锦囊

作品类别：文字作品

作 者：沈浩 吴栋敏 陈恒光 张家骅 王翔

著作权人：弼狄（上海）营销咨询有限公司

创作完成日期：2017年09月01日

首次发表/出版/制作日期：2017年09月22日

以上事项，由弼狄（上海）营销咨询有限公司申请，经上海市版权局审核，根据《作品自愿登记试行办法》规定，予以登记。

登记日期：2018年01月15日

上海市版权局
作品自愿登记专用章

中华人民共和国国家版权局统一监制